武术散打普修教程

WUSHU SANDA PUXIU JIAOCHENG

主　编◎梁亚东
副主编◎黎桂华 郑 雷 刘国立

长江出版传媒
湖北科学技术出版社

图书在版编目（C I P）数据

武术散打普修教程 / 梁亚东主编. -- 武汉 : 湖北科学技术出版社，2022.6
ISBN 978-7-5706-2079-1

Ⅰ. ①武… Ⅱ. ①梁… Ⅲ. ①散打(武术)－中国－教材 Ⅳ. ①G852.4

中国版本图书馆 CIP 数据核字(2022)第 099423 号

责任编辑：沈　慧	封面设计：曾雅明
出版发行：湖北科学技术出版社	电话：027-87679468
地　　址：武汉市雄楚大街 268 号 （湖北出版文化城 B 座 13-14 层）	邮编：430070
网　　址：http：//www.hbstp.com.cn	
印　　刷：武汉邮科印务有限公司	邮编：430205

710×1000　1/16　12 印张　1 插页　197 千字
2022 年 6 月第 1 版　2022 年 6 月第 1 次印刷
定价：48.00 元

前　言

《武术散打普修教程》是武汉体育学院优势特色学科群建设资助项目——“体育教育与健康促进”方向系列教材之一。

武汉体育学院是我国现代武术散打运动的创始单位之一，1979年开始武术对抗类项目的试点工作，1983年在体育教育专业学生中开设武术散打专修课，1991年成立武术系后，增设了面向全校学生的武术散打普修和选修课。40余年来，以高水平运动队和专业课的教学训练实践为平台，构建了科学完善的课程体系，始终站在全国搏击格斗类运动项目技术和理论研究、教学训练、竞赛与裁判、国际推广等工作的最前沿。2008年《武术散打》课程被评为湖北省高等学校“精品课程”。

《武术散打普修教程》是以体育院校武术散打普修课程培养目标、教学任务为出发点，结合普通高等院校武术散打选修课程教学改革的发展形势，遵循思想性、科学性、系统性、时代性、民族性、规范性的原则，强调知识能力素养的有机结合，遵照武术散打运动的规律和教学与训练特点而编写的教学用书，旨在服务于武术散打教学质量的提高及进一步推动武术散打运动在普通高校的普及和发展；服务于弘扬中华优秀的传统文化，实现“以武育人，以德树人”的教育目标。

本教程主要包括武术散打运动概述、武术散打的基本技术、武术散打战术、武术散打教学、武术散打训练、武术散打运动的损伤与预防、简明武术散打竞赛规则与裁判法等七个章节的内容。较为系统地阐述了武术散打教学与训练理论及技术与战术的基本概念、基本方法，着重对教学步骤、练习方法、易犯错误与纠正方法、练习的要求等进行了提示和案例分析。本书不仅可以作为普通高校武术散打运动课程教材，亦可作为广大武术散打运动爱好者的自学教材。

本教程由梁亚东担任主编，黎桂华、郑雷、刘国立担任副主编。参与编写工作的人员有：曾于久、苏健蛟（第一章），郑雷（第二章），曾于久、李春木（第三章），梁亚东、王战利（第四章），黎桂华、张树根（第五章），李振、朱磊（第六章），姜飞、刘国立（第七章）。国家级运动健将许永、杜安动作示范，郑雷摄影并制图。

由于编写人员的水平、经验和时间所限，在编写过程中难免有不完善之处，希望广大用书师生及其他读者给予批评指正。

编　者

2022年4月

目　录

第一章　武术散打运动概述

本章教学目标

1.了解武术散打运动的起源及发展历程。

2.了解国内外武术散打运动的发展现状。

3.掌握武术散打运动的特点和作用。

第一节　武术散打运动发展概况

武术散打是两人按照一定的规则，运用武术中的踢、打、摔等攻防技法制胜对方的、徒手对抗的现代竞技体育项目，它是中国武术的重要组成部分。

一、武术散打运动的起源

武术散打是人体徒手格斗的表现形式，在漫长的历史演变过程中，有文字记载流传于民间的称谓甚多，古称相搏、手搏、卞、弁、白打等。由于以徒手相搏相角的形式在台子上进行，故俗称“打擂台”，现在称之为散打，亦称散手。其源头可以追溯到原始武术时期，人类为了生存需要与凶禽猛兽展开殊死的搏斗，需要与外来入侵者进行残酷的厮杀。人与禽兽搏斗，人与人厮杀就是依靠最简单、最直接的踢、打、摔、拿，劈、投、刺等徒手和器械的格斗方法就是武术的源头。

古代相搏简称为“搏”。以“搏”字而论，最初出现在先秦古籍中，且常常与狩猎活动有关，反映了早期的搏斗技术主要是“田猎搏兽也”。“搏”的初义与

“捕”字相通，可以说“搏”是“捕”的引申义。随着私有制的出现和部落间战争的频发，始于狩猎活动的徒手搏斗逐渐摆脱其生产属性，而成为人与人斗的一种专门技术，并且得到不断的发展。随着生产工具的不断改进，冷兵器形制和功能的多样化，人体格斗技法越来越丰富，一方面为生产斗争和军事斗争服务，另一方面成为人体格斗技术和活动方式，成为人类锻炼身体和观赏娱乐的一种手段。随着时间推移和社会发展，由生产斗争和军事斗争为主要属性的原始格斗技术，逐渐地向体育为主要属性的方向转化。

春秋战国时期，出现了人与人“相搏”“手博”之类的文字记载，如《谷梁传·僖公元年》记载：“（鲁）公子友谓莒挐曰：吾二人不相悦，士卒何罪？屏左右相搏。”《左传·僖公元年》还记载：“晋侯梦与楚子搏。”“博，手博也。”《释名》曰：“博，四指广（博）亦以击之也”，翁十勋认为此处的“四指”即四肢的借代。“然且始举手击要，终在扑也”，手搏技法既可打也可摔，以拳打开始并击其要害，终止于被摔倒在地。1975年在湖北省江陵县凤凰山秦墓出土的木梳篦，其弧形背面有彩绘的手搏场面。画面上有三个男子，均赤膊，下着短裤，腰间束带，足穿翘头靴，右边两人正在徒手较量，左边一人双手前伸为比赛做裁判员。台子上挂着帷幕飘带，表明古代的手搏是在台上的帷幕中进行的。

《汉书·哀帝纪赞》中记载：“哀帝……雅性不好声色，时览卞射武戏。”“卞”是手搏的异称，“射”是指射箭，武戏是指各种练武方法的表演。表明哀帝不爱好音乐、舞蹈之类的文戏，而经常观看手搏、射箭之类的武戏。武戏即武艺表演，武艺是对练武之人及其技术的一种统称，开始用于表演并在上流社会盛行。班固在《汉书·艺文志》“兵技巧”中收有《手博》六篇，可见当时的手博技术不仅丰富而且在理论上已有专门的论述。“散手”一词从汉代开始出现，在《居延汉简甲编》第1304号简有六个字，释文是“相错畜、相散手”。陈邦怀认为这支残简正是《汉书·艺文志》中《手博》一书的佚文，散手即手搏也。

唐宋时期，比武几乎形成了制度，大体的规则是不分体重级别，比赛没有护具，多赤身穿短裤，活动在方形的台子上进行，除了不许凶器暗算之外，其他规定较少，被打倒不起或先被打下擂台者为失败，获胜者给予旗、帐、银杯、绸缎、马匹等重奖。到了宋代，一般在比武前要筑台，称作“露台”，上台比武称作“露台争交”。

“白打”一词始见于明万历年间谢肇淛撰《五杂组》（卷五）列举的十八般武

艺，前十七种讲的是武术器械，第十八种讲的是“白打”。“白打”指的是徒手搏斗的技艺。明朱国桢《涌幢小品》卷十二云“白打，即手博之戏”。明代的“白打”也叫“打擂台”，赛前先设擂主，再安排高手应战，凡欲较量高低之人，临场报名并立下生死文书，方可上台献艺。当时的台子叫“献台”，裁判员称作“部署”。明代对抗性比武在典籍著述中也有反映，如袁宏道在《嵩游记》中称在少林寺时“晓起出门，童白分棚立，乞观手搏”。江西揭暄子《兵法圆机》中关于当时相搏的记述：“当思搏法，此临时着也。敌强宜用抽卸，敌均宜用裆抄，敌弱宜用冲燥。”这说明对抗比武时，对手情况不同，用的招式和方法应有所区别。

明清时期，民间的武术活动十分盛行，节日、庙会、农闲时，不同拳种、不同流派的练武社团会设擂比武交流技艺。比武由组织者在宽阔热闹的地带搭建擂台，事先贴出告示公开招引参加者，来自各地的拳师、武士签下死伤自负的文书就可以登台献艺。比赛通常有两种形式：一种是由擂主在公开场合搭上擂台，分别迎战所有的挑战者。这种比赛不用事先报名，来自各地的拳师只要自愿参加、对方同意就可以上台比试。另一种是由主办者设擂，各路人士不分地区及身份，均可自愿报名参加，死伤自负，比赛不分体重级别，用“拈阄儿”配对手。比赛时，在擂台的四周坐有边裁判员负责评判胜负，台上有一名裁判员负责指挥武士比赛，每场比赛打三个回合，以击中对方得点多者为胜利，“见红”（被打出血）、“倒桩”（被打倒地）、“甩翻”（被打下台）均为失败。获胜者披红挂彩被众人簇拥骑马游街，以示庆贺。

民国初期，由于擂台比武的安全性得不到保障，民间的擂台比武渐渐销声匿迹。随着西方体育在中国的传播及影响，唤醒了国人弘扬“国粹体育”“振兴国术”的强烈愿望，认为“欲振兴国术，非积极提倡比试不可”，并探寻将打擂台的人体格斗表现形式演变成散手比赛。1928年和1933年“中央国术馆”先后在南京公共体育场举办了两届国术国考，其中，散手被列为“国考”的重点项目。1929年在杭州举行的国术游艺大会，1933年，在南京举行的“全国运动大会”，均设有散手比赛。虽然当时的散手比赛还存在许多不完善的地方，但是它借鉴了西方现代体育比赛的观念和方法，开始转变中国传统打擂台生死不顾的习惯，在一定程度上促进了人体格斗比武方式和方法上的进步。

中华人民共和国成立以后，党和政府十分重视民族传统体育的继承与发展，国家体委设立武术机构负责全国武术的普及与推广。1953年11月在天津举行的全国民族形式体育表演及竞赛大会上，武术散手被列为竞赛项目，由于当时比赛形式、竞赛规则、安全保障等还存在一些需要解决的问题。因此，武术散手比赛暂时被搁置下来，国家将武术套路列为竞技项目进行推广，而武术散手则在民间进行流传。

二、武术散打运动的发展

1978年党的十一届三中全会后，为传承我国民族传统体育事业，武术界一些德高望重的老前辈积极主动地向国家相关部门建言献策，希望组织力量对武术进行挖掘整理和开展对抗性项目。这些抢救、继承、发展武术运动的建议得到了国家体委的高度重视与果断决策。1979年初，在全国范围内进行了史无前例的武术挖掘整理工作，并指定北京体育学院、武汉体育学院、浙江省体委三个单位进行武术对抗性项目的试点。1989年武术散打运动被国家体委批准为全国正式体育竞赛项目，在10年试验过程中，国家体委主管武术的有关部门充分调动全国老、中、青三代武术工作者和爱好者的积极性，多次召开调研会充分听取各方面人士的意见，遵循“积极试验、稳妥开展”的指导方针，通过各种形式散打比赛的试验，终将其定位成为一个对抗性质的竞技武术运动项目。

从谋划定位到成为现实的过程举步维艰。由于在很长的历史时期内，武术都是以演练性质的套路形式进行流传，武术套路就是武术的思维定式在人们的头脑中根深蒂固。武术徒手格斗项目将以什么样的表现形式出现？人们期待的肯定是各种流派、各种风格的传统武术套路表现形式的一种延伸。可是，当时的期待与后来的现实存在很大的反差，充分说明武术散打运动是在突破传统武术观念基础上进行了探索，其内容表现在以下两个方面。

（一）以八卦掌、劈挂拳、形意拳等传统拳种的散手比赛试验

这类散手比赛是在师兄弟之间采用本拳种的技法试验，你“喂招”我“破招”的方式进行假打配合，只要是真打实摔分胜负就表现不出拳种的技术特点。通过运动员对抗实践的反复检验，认为如果保持各个拳种的形式、风格、特点，就不能形成对抗性质。其根本原因就在于传统拳种的运动状态不符合人体格斗的运动规律，不管你愿不愿意承认这个客观事实，人体格斗的运动规律是不以人的意志为转移的。

（二）不分拳种、不分流派的综合性格斗比赛试验

这种比赛试验提供统一的人体格斗对抗的平台，采用统一的竞赛规则，任何拳种流派的运动员都可以参加比赛，任何拳种流派的技击方法都可以使用，通过运动员的体重分级之后，同等级别的运动员在比赛中只要能够战胜对方就能够取胜。这样的运动形式符合武术技击的基本原理，符合武术格斗对抗的运动规律，经受住了比赛实践的检验。通过不断地总结竞赛经验，不断地修改竞赛规则，武术人体格斗对抗运动项目不断地完善。这种运动形式不但实际可行而且具有旺盛的生命力。因此，一直延续到现在。

武术散打比赛运动员穿戴的比赛护具与运动员的安全、可以使用的技法、裁判员的判罚方法等有着密切的联系。从运动项目的良性发展与运动员自身安全的角度出发，散打比赛时必须穿戴护具，不管护具符不符合武术的传统习惯，不管护具从感情上能不能够得到接受，运动员穿戴护具比赛是一个不能改变的客观现实。为了选出比赛护具穿戴方案，进行了戴护胸、不戴拳套、不戴护头，不打头部，以及进行了戴分指手套、戴护胸可以攻击头部等的多项比赛试验。通过多种方案的反复比较并且权衡利弊，最后比赛护具采用了戴护头、护齿、拳套、护胸、护裆的方案。

使用技术的试验出现过多种方案，有的方案可以使用拳法、腿法，不能使用摔法；有的方案可以使用腿法、摔法，不能使用拳法；有的方案拳法、腿法、摔法都可以使用；有的方案可以使用接腿摔而不能使用贴身摔；有的方案不但各种拳法、腿法、摔法都可以用，而且腾空动作、地躺动作也是有效的进攻方法。依据武术技击的对抗性、继承性、运动性原理，依据有利于保证安全，有利于技术发挥，有利于裁判操作的准则，最终选择了使用技术空间范围最大的方案。

得分部位的试验同样出现过多种方案，有的仅以躯干为得分部位，有的以头和躯干为得分部位，有的以头、躯干和下肢为得分部位。得分部位与运动员可以使用的方法有紧密的联系，技术体系的形成是以完整的人体为攻击目标，人体从头到脚的每一个部位都建立了相应的攻击方法，得分部位越多越能够发挥武术的技击技法，反之亦然。在不影响运动安全性和裁判员操作性的前提下，得分部位的确定不能凭自己的主观意志，应该给运动员提供发挥各自技法的最大空间。

得分标准的确定出现了5分、4分、3分、2分、1分、不得分的各种方案，通过实践的反复检验，最后稳定在2分、1分、不得分的标准上。因为，运动员的击打动作能不能够得分，依靠的是边裁判员的观察能力和认知水平，实践证明得分标准划分得越细，运动员姿势状态凸显的区别越小，裁判员观察、认同的一致性越难，越容易造成记分的误差。得分标准制定得越是相对客观和简单，边裁判员越容易形成按标准记分的默契，比赛结果就会越公正准确。

裁判方法的试验中，有的只设台上裁判员。比赛的指挥、判罚和判分全部由台上裁判员一个人操作完成。这类裁判方法又分两种情况：一种是只要击中对方，比赛就暂停，由台上裁判员判罚后再继续进行比赛；另一种是击中对方后不暂停比赛，运动员只要击中对方，台上裁判员就随时报分，台上裁判员报分的同时运动员的比赛继续进行。有的既有台上裁判员也有边裁判员，台上裁判员用口令和手势指挥比赛，并对倒地、犯规、重击、受伤等情况进行处理，边裁判员对运动员拳法和腿法的击中情况和台上裁判员判罚的情况进行记分。后一种裁判方法根据比赛的实际情况，裁判员的分工合理，职责明确，操作简单，最后成为现行的裁判方法。

武术散手运动经过了试点单位的3年试验，在取得初步成果之后，1982年，国家体委召开武术散手竞赛规则研讨会后，首次举办全国武术散手邀请赛，并经受住了长期竞技比赛实践的检验。1989年武术散打运动被国家体委批准为全国正式体育竞赛项目，不但标志着武术散手运动试验期的圆满结束，而且标志着武术散手运动跨上了一个更高的平台。1990年国家体委正式公布《武术散手技术等级标准》，批准了首批“武英级”运动员。1993年武术散手被列为"第七届全国运动会"的正式比赛项目，当时只设男子团体1枚金牌，后来每届全运会金牌数逐步增多，并增设了女子团体金牌。2021年举办的"第十四届全国运动会"武术散打项目金牌数达5枚，说明武术散打运动已站在我国竞技体育的最高殿堂内不断地放射出耀眼夺目的光芒。

对“散手”这一名称，从1979年开始试点比赛之后，一直存在着两种不同的观点。一种观点认为“散手”这个名称，尊重了历史的沿革，是自然而合乎情理的。另一种观点则认为“散手”这个名称不准确，不好理解，应该改为“散打”。实际上，从历史发展来看，将武术对抗形式的比试引入正式体育比赛场，就是要把武术徒手格斗形式的运动从传统的、民间的、封闭的状态，引进现代的、公众的、开放的竞技体育舞台。因此，不仅是在技术层面和表现形式上有一个由零散、繁杂向统一、规范的竞技体育转换的问题，而且在名称和术语的使用上也应该有一个统一、规范的要求。“散打”概念中的“散”字，就是表示散手、散着（招）、拆手、招术的意思；“打”字表示运用这些方法进行格斗较量的性质和用途。这两个具有不同含义的字组合在一起，不仅能够从字面上比较全面地反映事物表象及其本质属性，见其词、明其意，而且通俗易懂，符合人们的语言习惯。因此，中国武术协会在广泛征求意见的基础上，从1998年开始在正式的比赛中，推广使用“散打”一词，并逐渐规范统一。

在开展正规竞技体育比赛的同时，为了进一步体现自身的价值功能和社会影响，为了适应社会市场经济的需要，各种商业性的武术散打比赛层出不穷。比较著名的有1994年举行的中华武术散打南北争霸赛，2000年举行的全国武术散打水上擂台赛，2001年举行的中国武术散打王争霸赛；近年举行的中国“真功夫”武术散打百强赛，“散打天下”中国武术散打职业联赛，中国武术散打“超级俱乐部联赛”等。同时，“世界超级散打王争霸赛”及中美、中俄、中泰等商业性的中、外武术散打对抗赛也频繁举行。由于武术散打运动人体格斗本身的激烈对抗性，再加上艺术包装和极力渲染的商业赛事，普遍受到了广大观众和媒体的青睐。

为了提升我国在世界上的文化软实力，武术散打运动在国内稳固发展的基础上逐渐走向世界。1985年，成立了以我国为核心的国际武术联合会筹备委员会，在国际武术联合会的统筹下，有计划、有步骤地向世界推广武术散打运动项目。1988年在深圳首次举行了国际武术散打邀请赛，1991年在北京举行了首届世界武术锦标赛散打比赛，此后每两年在世界多地举办一届；1998年在泰国举行的第13届亚洲运动会上，武术散打被首次列为正式的比赛项目。之后，其他洲和地区也将武术散打列为各自综合性运动会的比赛项目，2001年国际武术联合会又增加了两年一度的武术散打“世界杯”比赛。这些常规国际武术散打竞赛制度的建立，成为武术散打运动在世界范围内如火如荼、蓬勃发展的不竭动力。

第二节　武术散打运动的特点和作用

一、武术散打运动的特点

特点是指人和事物别具一格、表现独特、别无我有、别有我优的某些方面，是通过人与人之间、事物与事物之间进行比较后产生的一种结论。古罗马的历史学家塔西伦曾经说过："要想认识自己，就要把自己同别人进行比较。"文豪歌德在诗歌剧《塔索》中也写道："如果你认为自己失去价值，就把你同别人进行比较。"可见，同其他的人或事物进行比较，来正确地认识不同的人或事物，不但是人类一个永恒的研究课题，而且是一种不可缺少的研究方法。目前，世界上人体格斗类运动项目很多，研究阐述武术散打技术特点的目的，就是要从理性上认识该运动项目技术独特，找出别无我有、别有我优的地方，从而起到指导武术散打运动实践进一步深入的作用。

武术散打运动是一种事物，要阐述它的技术特点，正确地选择比较对象作为参照体是一个十分重要的前提条件。因为同一事物选择不同的参照体进行比较可以得出不同的结论。武术散打是一个体育运动项目，比较对象应该在体育运动项目的范围内进行选择，而体育运动项目的种类繁多，既可以与篮球、田径、体操、游泳等运动项目进行比较，也可以与武术套路进行比较，还可以与拳击、摔跤、柔道、跆拳道、泰拳、空手道、自由搏击等运动项目进行比较。在这些可以比较的对象中，只有选择人体格斗类运动项目比较所得出来的结论，对促进武术散打运动的发展才有意义。武术散打、拳击、摔跤、柔道、跆拳道、泰拳、空手道、自由搏击等，由于都是属于对抗性质的人体格斗类运动项目，同质性群肯定有许多相似之处。就像球类运动项目，不管是大球还是小球，不管是隔网的还是不隔网的，所有的项目都是以球作为运动员竞技的载体，就像田径运动所有的项目都离不开通过跑、跳、投的形式来反映人的竞技能力。同样，人体徒手格斗类项目由于表现性质和运动形式有相似之处，决定了不可能脱离人体徒手格斗所需要的运动规律，只不过是各种运动项目之间，由于允许使用技法内容的差异性，导致各自项目产生的技术特点不一样。武术散打通过与其他人体徒手格斗类项目进行比较，其技术特点主要表现在技法运用的完整性强、实用的优越性大、发招的灵巧性高三个方面。

（一）技法运用的完整性强

技法运用的完整性强是指在人体格斗运动项目中，在保证安全和裁判操作的前提下，能够最大限度地综合应用各种不同类别的技击方法，反映出武术散打运动技法全面运用的技术特点等。人体格斗技击方法包括能够作为攻击对方武器的不同身体部位，不同身体部位衍生出来反击对方的各种手段，以及各种手段攻击对方不同身体部位的具体分工，双方格斗时运动状态不同变化的具体对策，人体格斗的目的是制服对方，人体格斗的过程是身体的运动，人体格斗的手段是技法运用，人体格斗的规律是相互制约，而相互制约的技术内涵是随着技法运用种类的多少来发挥作用。

各种不同种类的技法是根据人体格斗时姿势状态的不同变化和打击对方的不同需要而产生的。虽然，每一个单一种类的技法作为个体，针对人体不同的攻击目标和手段可以发挥不同的作用，相互之间是相生相克、相互制约的。不同种类的技法作为整体，技法与技法之间也是相生相克、相互制约的。但是，单一种类技法的相生相克只能在单一种类的技法内衍生变化，不能体现人体格斗各种技法使用的全貌，人体格斗不同种类的技法只有存在允许全面运用的条件，才能体现出它们相互之间互为作用的整体性价值功能。

国外的人体格斗类运动项目，基本上都是以人体格斗的某一类技法为主要运动手段，在自身允许使用方法的范围内，根据运动规律和运动员姿势状态的变化，制定出与之相适应的竞赛规则，在竞赛规则的限定下进行竞技比赛。例如，拳击是以拳法为主要运动手段，摔跤是以摔法为主要运动手段，跆拳道是以腿法为主要运动手段，柔道在以摔法为主要运动手段的基础上加上了擒拿法，泰拳在以腿法为主要运动手段的基础上强化了肘法和膝法的运用。从以上几个在世界上影响较大的人体格斗类运动项目就可以明显地看出，它们都是把完整系统的人体格斗技术肢解开来，以单种技法为主要运动手段形成一个独立的运动项目，使完整的人体格斗技法独立地发展。

由于历史上各个方面的原因，我国在相当长的一段时间内没有开展武术对抗性的项目，主要是以表现动作技击含义的武术套路形式在进行流传。武术套路是以技击为共同的本质特征，以人体和器械格斗的方法为技术基础，按照人体格斗的运动规律，按照人与人格斗必然出现的各种不同的姿势状态，充分发挥身体武器的功能，深入研究和总结身体武器的技法，积累了丰富的进攻、防守、反击、攻中带防、反反击的具体手段，形成了完整的人体格斗技术体系和理论认识。集中体现在以“四击”为核心的技法基础，以“三盘”为核心的空间目标，以“三距”为核心的格斗状态对策上。

虽然对抗性质的武术散打运动在我国开展得较晚，但是，演练性质的武术套路全面系统地承载了人体格斗的理论和技术体系，其广度和深度是国外任何人体格斗类运动项目都无法比拟的，为武术对抗项目的开展奠定了宽厚、坚实的理论和技术基础。依据武术技击的继承性原理，武术散打不同种类的拳法、腿法、摔法都可以用，能够最大限度地发挥踢、打、摔法综合应用的功能，全面体现人体格斗不同技法运用的变化规律和运动规律。这样，武术散打和其他人体格斗类运动项目相比较，最重要的技术特点就是能够在一个人体格斗类运动项目中，充分地反映出不同种类的技法在一起综合运用，所产生出来的相生相克、相互作用的无限技巧。

武术散打在保证安全的前提下，除了对人体容易伤害的部位、容易伤害人体的技法、运动员比赛过程中使用而不宜被裁判员记分的动作做了必要的限制外，任何武术技击方法都可以使用。不仅容纳了踢、打、摔的技法，而且容纳了各种技法连接所需要的相关技法。多一种进攻技法，就会产生多种防守、反击和反反击技法，按照数字排列组合的定律起到了成倍增长技法的作用。武术散打从头到脚都能够被攻击，上至武术的腾空动作，下至前扫、后扫、地趟打法等，武术散打可以使用动作的空间范围，可以说已经达到了极限程度。这样，扩大了运动员进攻和防守的视野，增加了观察、判断、反应的活动范围，改变了同一动作的不同进攻路线，提高了运动员无序动作操作思维的能力，提供了使用多种战术变化的条件，武术散打与其他人体格斗项目相比使用技法的完整性最强。

由于武术散打使用技法完整性的存在，该运动项目所反映的技术含量最大，空间活动的范围最广，运动状态的变化最复杂。在比赛过程中，从姿势状态的变化上来讲，不管是转身的、侧身的、前俯的、后仰的、团身的、高姿的、低姿的、腾空的、倒地的等人体格斗呈现出的任何一种姿势状态，运动员都可以任何方向、任何角度、任何位置发出进攻、防守、反击、攻中带防、反反击的动作。

从距离动态上来讲，双方运动员的距离不管是远是近还是贴身，不仅能针对性地使用拳、腿、摔的不同技法，而且可以通过运动员动作姿势的动态调节，使进攻动作达到不同距离的攻击目标。

（二）技法使用的优越性大

技法使用的优越性大是指武术散打运动使用的技法，与其他人体格斗类运动使用的技法相比较，由于使用技法的完整性强，针对任何情况和各种格斗状态都具备进攻、防守、反击、攻中带防、反反击的手段，相生相克技法的熟练掌握反映出了武术散打运动技法使用优越性大的技术特点。人体格斗的技法，踢、打、摔各有各的作用，从使用的价值上来讲，它们横向之间并没有优劣之分。不同种类的技法针对的是特定的客观条件，不同的客观条件适合使用不同的方法。“远用腿、近用拳、贴身靠摔拿”，就是对不同种类技法在不同情况下发挥作用的高度概括。

我们知道，“相生相克”是人体格斗技术发展的不竭动力。每一种技法能够使用就能够被破解。踢、打、摔每一种技法各自是相生相克的，拳法可破拳法，腿法可破腿法，摔法可破摔法。三个方面作为一个技法的整体综合使用，互相之间也是相生相克的。腿法可以克拳法，因为腿法作用距离长、力量大，正如拳谚中所说：“一寸长，一寸强。”“手是两扇门，全凭脚打人。”摔法又能克腿法，腿法做功时单腿支撑人体平衡的面积变小，因此，有“起腿半边空”之说，只要使用接腿摔就很容易将对方摔倒。拳法可以克腿法和摔法，因为，拳法速度快，工作距离短，在腿法、摔法动作启动时，拳法结合步法的调整可以快速地击打对方。

由此可见，踢、打、摔本身就是一个互为循环、互为作用、互为制约的一个技术整体。在这个整体中互相作用而衍生出来的无限的技巧，正是武术散打技法博大精深的精华所在。其他的一些人体格斗类运动项目，仅仅局限于竞赛规则所允许采用的技法范围，单一技法自身克自身，失去了踢、打、摔互为循环、互为作用、互为制约的客观条件，也就等于失去了相互作用的实用价值。

武术散打踢、打、摔综合使用，就能在同一项目中发挥不同种类技法相生相克的机制，发挥技击技术整体性的实用价值。通过整体技术综合运用的训练，可以培养运动员踢、打、摔技法的操作转换能力，建立起任何条件下都能发出进攻、反击和反反击动作的条件反射能力，建立起使用合理有效技法的动力定型。如果从徒手搏斗这一特定条件出发，拳击、跆拳道、空手道、泰拳、摔跤、柔道、自由搏击等相同训练水平的运动员在一起进行比赛，拳击经不起武术散打的腿法进攻，跆拳道、空手道、自由搏击腿法见长，泰拳虽然允许用肘、膝，但都抗不住武术散打抱摔、勾踢、抹涮等顺势借力的摔法。摔跤、柔道运动员虽然会摔，但没有经过接腿、抓腿的训练，抓不住腿，摔法就用不上，因此，也承受不了武术散打拳法、腿法的进攻。武术散打和其他同类项目相比，其技法使用的优越性是显而易见的。

（三）技法使用的灵巧性高

武术散打竞赛规则中规定，头、躯干、大腿都是可以被进攻的得分部位；武术中踢、打、摔等方法都可以使用。竞赛规则为整体使用武术的技击技法提供了条件，武术技击技法整体使用的价值功能引出了动作技术含量大、空间范围大、动态变化大的状况。这种状况通过不同的技术动作表现出来，拳法与拳法、拳法与腿法、拳法与摔法、腿法与腿法、腿法与摔法、摔法与摔法，能够充分运用上与下、长与短、进与退、大与小、高与矮、远与近、快与慢相互矛盾、相互转化的动态规律，进行无穷的变化，展现技法使用的灵巧性。

“兵无定势，水无常形。”武术散打在比赛的过程中，运动员什么时候发招？发出什么样的技法？自己用什么样的动作进行防守或反击，没有固定的程式，要在对方动作变化的瞬间，临时选择相应的方法而克之，即所谓“伺机而行”。运动员动作选择得越准，进攻对方容易被攻击到的部位（薄弱环节）选择得越准，动作与动作之间相克的对应关系越合理，技术表现得越为巧妙。运动员寻找战机、借用战机、制造战机、多抓战机、真真假假、虚虚实实，必然会呈现出随机而动，灵巧多变的技术特点。

拳谚中说“以巧制力”“以巧制快”“以巧取胜”。在运用武术散打技法过程中，要充分发挥动作与动作之间的空间差、时间差、距离差、支点差、力矩差、重心差等，充分利用人体运动学原理、相生相克的原理，顺其力破之而为巧，避其力破之而为妙，逆其力破之而为拙。做到借力破力，借力打力，借用双方的合力，以最小的消耗，发挥最大的作用，达到“引进落空”“四两拨千斤”的效果。发招的变化灵巧性，不但是武术散打技术的特点，也是武术散打技术追求的最高境界，还是表现中国武术散打技术风格的重要标志。

通过以上分析，可以看出武术散打沿着武术技击本质特征的行为轨迹，按照人体徒手格斗时的客观运动规律，按照竞技体育的各种要求，在保证安全和有利于裁判员评判的前提下，提供最大的空间来充分发挥武术的各种技法。武术散打就是拳打脚踢外加摔的"大杂烩"，回归了武术技击技法的本来面目，翔实地表现了中国武术相生相克、顺势借力、灵打巧取为核心的技艺性，表现了武术技击技法的完整性强、使用的优越性大、发招的灵巧性高的技术特点。因此，武术散打运动的实践是完全正确的。

二、武术散打运动的作用

（一）竞技观赏，丰富生活

对抗性技击运动以其独特的魅力和激烈性向来被人们所喜爱，搏斗性运动也就成为人们喜闻乐见的运动形式。历史文献中有许多文学作品都记载着关于比武打擂台的描写，对于比赛台边的观众氛围几乎都是以"人山人海，群情沸腾"来形容，除此之外在一些影视作品中，也能够看到只要有比武打擂活动，观众总是蜂拥而至。武术散打之所以受到人们的喜爱，不仅仅因为它是一项力量的决斗，具有丰富的斗智技艺，先发制人或后发先至等战略战术的使用，更是为这项运动增添了许多不确定性和观赏性，每当赛场上出现精彩的对抗场面时，观众都报以热烈的掌声，这说明武术散打具有很高的观赏价值。而且，练习者也深感其奥妙、精深，给人以启迪和乐趣。

（二）提高素质，健体防身

武术散打是一项集身体和智慧双重对抗的激烈性搏击项目，经常参与散打练习的人，他本身的速度、力量、灵巧、耐力和柔韧等身体素质都有较为明显的提高，尤其是对人体内脏器官的机能和神经系统的灵活性都有良好作用。武术散打练习除了在强健体魄方面具有很大作用，随着练习者经过一定时间的训练，他的身体素质以及击打与抗击打能力也在不断地提高，这时候武术散打就摆脱了"花架子"似的务虚效果，开始发挥其攻防的实战实效性了。再经过一段时间的训练后，武术散打练习者的四肢肌肉更加发达，尤其是肌肉和骨骼更加坚硬粗壮，四肢变为了攻击利器，这无疑会增加练习者防身自卫的能力。尤其对军人、武警、公安干警和边防指战员更有特殊的意义和作用。

（三）练武修德，磨炼意志

"习武先习德"，自古中国的习武之人在练武之前都会先进行一系列的武德教育，其中比较被人所熟知的有诸如尊师爱友、讲究礼仪等，师傅在“喂手”“递招”中传艺，学生在操手比试中提倡相互学习、点到为止，培养“胜不骄，败不馁”的谦逊品质。既是搏击之术，就难免在练习过程中出现失误导致受伤的情况发生，面对这样的情况，习武之人重视相互爱护、团结友爱的精神，忌讳打击报复和切磋时下狠手的行为，“黑手”为习武之人嗤之以鼻。这些传统至今都良好地保存了下来，这种练武修德的传统无疑对培养练习者的优良品质具有积极的作用。

从许多影视作品和古代文献中能够了解，练武绝非一朝一夕之事，其练功的过程之艰辛，付出努力之多难于言表，所以说练习武术散打对意志品质的考验是多方面的。如，在基本功训练中，首要克服对于韧带牵拉的疼痛，终归是从不适应到适应，但那种过程的艰辛若没有坚定的意志和坚忍不拔的品质保证，确实容易使人半途而废；在实战对抗时，需要练习者首先克服胆怯心理，逐步体会实战技巧，增加胆识和勇气；在耐力训练或实战进行到最后部分时，要以顽强的意志坚持到底，以及在比赛中正确对待胜负的心理品质等。经过这些锻炼，可以培养顽强、果敢、坚毅的精神，锻炼人摒弃软弱、怯懦而敢于进取、积极向上的品质。

（四）发扬传统，以武会友

参加武术散打练习不仅能使自己的身心健康水平、胆识与勇气等快速得到提升，而且还能继承和发扬中华优秀传统武术文化。近年来，武术散打运动开展得如火如荼，通过习练武术散打可以更好地促进武术爱好者之间的交流，结识有着共同爱好的朋友，增进彼此之间的友谊。通过国内和国外不同形式的武术散打比赛，既切磋了武术散打技艺，又增进了国际交流，达到了发扬传统、以武会友的目的。

问题与思考：

1.简述武术散打运动的发展历程。

2.简述武术散打运动的特点和作用。

3.简述武术散打运动的育人功能。

4.武术散打运动在国内外的发展现状及未来走向。

第二章　武术散打的基本技术

本章教学目标

1. 了解武术散打的攻守技术。
2. 掌握武术散打基本技术的方法和要领。
3. 初步掌握武术散打技法在比赛中运用的方法与要点。

武术散打的基本技术，是指武术散打运动员在实战中完成进攻与防守动作的方法，是体现武术散打运动员竞技能力水平的重要因素。根据动作的组成,可将武术散打技术大致分为单个动作技术和组合动作技术两大类。其中单个动作技术有实战姿势、步法、拳法、腿法、摔法、跌法、防守法等,组合动作技术有拳法组合、腿法组合、拳腿组合、拳摔组合、腿摔组合、拳腿摔组合等。武术散打运动员既要全面、熟练而准确地掌握各种攻、反技术动作,努力提升技术动作的完成质量,更要提高在激烈的比赛中使用技术的能力。

第一节　实战姿势

实战姿势又称预备姿势、格斗势,是武术散打比赛时所采用的临战对敌动作姿势。它不仅能使身体处于强有力的"激发"状态,利于快速移动发起攻击或防御,而且暴露面积小,能有效地防护自己的要害部位。实战姿势分"正架"和"反架"两种。一般来说,左手左脚在前,右手右腿在后的为"正架"(图2–1–1～

图2-1-3)；右手右腿在前，左手左腿在后的为“反架”(图2-1-4)。

在本书中，除特别说明外，均以“正架”的实战姿势为例。

图2-1-1

图2-1-2

图2-1-3

图2-1-4

一、身体各部的动作姿势

(一)下肢姿势。左髋稍侧对前方，两脚前后开立，前脚跟与后脚尖之距离约同肩宽，左脚尖内扣约30° ，全脚掌着地；右脚跟稍抬起，前脚掌着地，脚尖正对前方；两脚横向距离15厘米左右。两膝稍弯曲，自然里扣，身体重心稍偏后。

(二)躯干、两臂姿势。上体稍前倾右转，左肩在前，自然含胸、收腹、敛臀；左臂屈曲90° 左右，左拳半握，拳心向右斜下，拳面高与鼻尖平；右臂屈曲45° 左右，拳心向里，置于颌前。两肘自然下垂并稍向里合。

(三)头部姿势。稍低头，下颌内收，合齿闭唇，用鼻呼吸，目视对手上体，余光环视对手全身。

二、实战姿势的基本要求

1.两腿要弹性站立，以便移动迅速，随时进行攻击或防御。

2.自然地含胸收腹，呼吸自然，不要憋气，以免肌肉僵硬。

3.肩、臂放松，可以有意识地晃动，用以迷惑对手，且利于充分施展拳法攻击力。

4.防护面大，保持高度警觉，眼要有神，给对手以威慑力。

易犯错误：

1.两脚前后开立过大或过小，两腿弯曲度过大。

2.全身姿势呆板、僵硬，不自然。

3.重心过于偏前或偏后，使步法不灵，易失平衡。

纠正方法：

严格动作规格要求；语言提示动作要领；正误对比示范；对镜练习。

第二节 基本步法

武术散打的步法在实战中具有极其重要的作用，拳谚有“步不快则拳慢”“步不稳则拳乱”之说。灵活敏捷、快速多变的步法是运用攻、反技术动作的前提，是在主动进攻和防守反击中抢占有利位置，发挥最优攻势的基础，亦是调整重心，维持身体平衡的关键。步法的快慢，移动距离的大小及准确性，直接影响着攻防的效果。

一、进步

动作方法：从实战姿势开始，右脚蹬地，左脚向前进半步，右脚迅速向前跟进半步（图2-2-1，图2-2-2）。

图2-2-1

图2-2-2

要点：步幅不宜过大；轻快，重心平稳，上体姿势不变。

二、退步

动作方法：从实战姿势开始，左脚蹬地，右脚向后退半步，左脚随即向后退半步（图2-2-3，图2-2-4）。

图2-2-3

图2-2-4

要点：步幅适中；轻快，重心平稳，上体姿势不变。

三、上步

动作方法：从实战姿势开始，右脚微离地面向前上一步；身体左转；左脚以前脚掌为轴内转。同时左、右拳前后交换成右实战姿势（图2-2-5～图2-2-7）。

图2-2-5

图2-2-6

图2-2-7

要点：右脚要擦地前行，重心平稳，两手交换与上步要同时进行。

四、撤步

动作方法：从实战姿势开始，左脚微离地面向后撤一步；身体左转；右脚以前脚掌为轴外转。同时左、右拳前后交换成右实战姿势（图2-2-8～图2-2-10）。

图2-2-8

图2-2-9

图2-2-10

要点：步幅不宜过大；重心平稳，两手交换与撤步要同时进行。

五、横步

（一）左横步

动作方法：从实战姿势开始，左脚向左侧横跨一步，右脚脚掌内侧蹬地迅速向左侧跟进同样距离（图2-2-11～图2-2-13）。

图2-2-11

图2-2-12

图2-2-13

(二)右横步

动作方法:从实战姿势开始,右脚向右侧横跨一步,左脚脚掌内侧蹬地迅速向右侧跟进同样距离(图2–2–14~图2–2–16)。

图2–2–14

图2–2–15

图2–2–16

要点:跨步动作要快速敏捷,重心起伏不大,上体姿势不变,步幅可大可小。

六、闪步

(一)左闪步

动作方法:从实战姿势开始,左脚向左侧或左斜前方上半步,前脚掌支撑;随即身体向右后拧转,右脚迅速蹬地向左后方弧形移动跟上一步(图2–2–17~图2–2–19)。

图2–2–17

图2–2–18

图2–2–19

（二）右闪步

动作方法：从实战姿势开始，右脚向右侧或右斜前上半步，前脚掌支撑；随即身体向左后拧转，左脚迅速蹬地向右后方弧形移动跟上一步。同时，左、右拳前后交换成右实战姿势（图2–2–20 ~ 图2–2–22）。

图2–2–20

图2–2–21

图2–2–22

要点：步法轻快，重心平稳；转体闪躲与步法要协调一致，上体不要后仰。

七、插步

动作方法：从实战姿势开始，右脚经左脚后向左前上步，脚跟离地；同时左脚以前脚掌为轴外转，两腿成交叉状，动作完成后还原到实战姿势（图2–2–23 ~ 图2–2–25）。

图2–2–23

图2–2–24

图2–2–25

要点：步幅适宜，重心平稳；上体姿势基本不变。

八、盖步

动作方法：从实战姿势开始，右脚向左脚前上步，脚尖外摆；同时左脚跟离地，两腿成交叉状，动作完成后还原到实战姿势（图2-2-26～图2-2-28）。

图2-2-26

图2-2-27

图2-2-28

要点：上体不要转动；重心平稳，盖步后要及时还原成实战姿势。

九、换步

动作方法：从实战姿势开始，两脚同时蹬地并前后交换，同时两拳也前后交换成右实战姿势（图2-2-29，图2-2-30）。

图2-2-29

图2-2-30

要点：重心起伏不大，身体上下协调一致。

十、垫步

(一)前垫步

动作方法:从实战姿势开始,右脚蹬地向左脚内侧跃进落步,同时左脚蹬地屈膝向前上提起(图2-2-31~图2-2-33)。

图2-2-31

图2-2-32

图2-2-33

(二)后垫步

动作方法:从实战姿势开始,左脚蹬地向右脚内侧跃进落步,同时右脚蹬地屈膝提起(图2-2-34~图2-2-36)。

图2-2-34

图2-2-35

图2-2-36

要点:快速连贯,重心起伏不大,身体尽量向前或向后移动。

第三节　基本拳法

拳法是武术散打比赛中中、近距离攻击对方的主要方法。较常用的有直拳、摆拳、勾拳、鞭拳等。拳法具有速度快和灵活多变的特点，它能以最短的距离、最快的速度击中对手。拳法易于组合，进行连击；而且在实战中能任意配合其他技法使用。因此，拳法技术是武术散打比赛中主要的进攻和防守反击的方法。

在比赛中运用拳法攻击时，要和步法、身体动作协调配合，用力顺达，击点准确，才能发挥其攻击威力。另外，要攻守结合，注意对自身的保护，养成一手出击、另一手防守的良好习惯。

一、直拳

（一）左直拳

动作方法：从实战姿势开始，后脚蹬地，同时重心前移，前脚掌微内扣。在稍右转体的同时，左手臂内旋，拳面向前直线击出，拳心向下，拳背与腕平，发力于腰，力达拳峰。目视攻击方向，右手保持原有的姿势不变（图2–3–1 ~ 图2–3–4）。

图2–3–1

图2–3–2

图2–3–3

图2–3–4

要点：蹬腿、转髋、击打协调连贯；弹性击打，快打快收。

(二)右直拳

动作方法:从实战姿势开始,后脚的前脚掌蹬地内旋,然后拧腰顺肩,上体稍左转,同时右手臂内旋,拳面向正前方直线击出,拳心向下,力达拳峰。目视攻击方向,左拳自然护于下颌前方,肘部自然下垂于肋部(图2–3–5 ~ 图2–3–8)。

图2–3–5

图2–3–6

图2–3–7

图2–3–8

要点:快速连贯,用力顺达;上体不可过于前倾,注意保持身体平衡。

易犯错误:上体过于前倾,撅臀。

纠正方法:强调动作规格要求;用手控其上体进行慢速模仿练习。

易犯错误:翻肘、撩拳,拳击无力。

纠正方法:强调动作路线与用力顺序;用手控其肘关节进行慢速模仿练习。

易犯错误:只动前臂,拳击无力。

纠正方法:强调用力顺序;用手控其前臂使其不能出拳,认真体会蹬腿、转髋、拧腰、以肩催臂发力的用力顺序;强调攻击力度的打手靶练习。

简释:直拳是武术散打比赛中最常用的拳法,主要用来攻击对手的头部。由于运行轨迹为直线,所以攻击速度快、击点准。左直拳距离对手最近,击打最直接,又称先锋拳,出拳可轻可重,可真可假,灵活性大,速度快。它不但能扰乱、迷惑对手,破坏其防御,为主动进攻创造条件,而且如果时机恰当、击点准确还可以重创对手。右直拳又称主力拳,攻击距离长、威力大,多在左直拳突破对手防御或防守反击时使用。

实战运用1：在实战对峙状态下，甲突然快速进步，以左直拳抢攻乙头部（图2-3-9）。

图2-3-9

实战运用2：当乙用右鞭腿攻击甲左小腿时，甲迅速提膝防守，随即以右直拳反击乙头部或胸部（图2-3-10，图2-3-11）。

图2-3-10

图2-3-11

二、摆拳

（一）左摆拳

动作方法：从实战姿势开始，前脚掌微内扣，上体微向右转，随即转腰发力，左拳由外向前、向内成平面弧线横击，臂微屈，肘关节夹角约为135° ，拳心向下，力达于拳面（图2–3–12～图2–3–15 ）。

图2–3–12

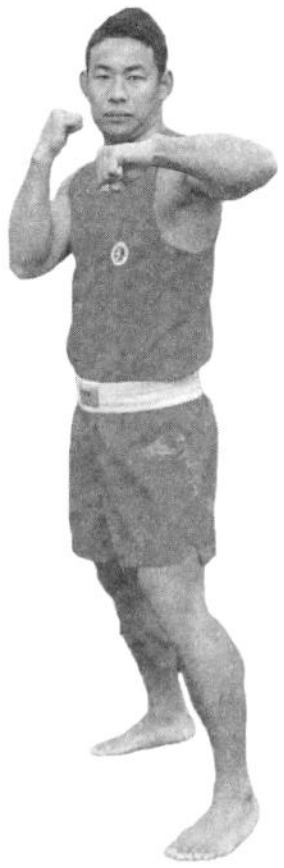
图2–3–13

图2–3–14

图2–3–15

要点：力从腰发，上体绕身体纵轴向右转动助力。击至身体正中线时“制动”并快速回收。

（二）右摆拳

动作方法：从实战姿势开始，右脚的前脚掌蹬地内扣，上体微向左转，随即转腰发力，右拳由外向前、向内成平面弧线横击，臂微屈，肘关节夹角约为135° ，拳心向下，力达于拳面（图2–3–16～图2–3–19 ）。

图2–3–16

图2–3–17

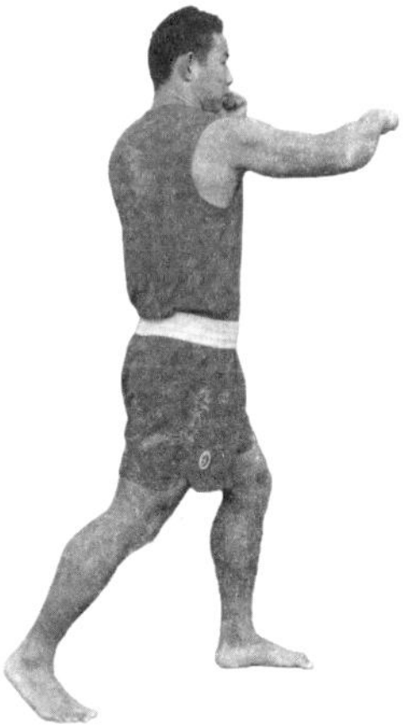
图2–3–18

图2–3–19

要点：右脚蹬地内扣、转腰、合胯与摆击要协调一致；快速连贯，用力顺达。

易犯错误:摆击动作幅度过大。

纠正方法:严格动作的运行路线与身法协同要求;讲解、示例对自身的防护;对镜练习。

易犯错误:翻肘过高,甩拳,拳击无力。

纠正方法:强调动作路线与用力顺序;用手拍、按其肘关节进行慢速模仿练习;打手靶体会动作的力点、击点及击打力度。

易犯错误:上体过于前倾,撅臀。

纠正方法:强调动作规格要求;用手控其上体进行动作路线、用力顺序的模仿练习。

简释:摆拳是中距离的重拳,多用于攻击对手的头部和胸部。击打力量来自蹬地转腰、合胯及带动肩、臂摆动的合力,所以力度大,攻击力强。在用摆拳攻击时,要全身上下协调一致,充分借助身体拧转的力量;在击中目标的瞬间,猛地转动拳面,并"超目标"击打,以增加击打的威力。但由于摆拳动作幅度大,自身暴露的空当多,所以运用时要把握好时机,击打后应快速还原。在连击或防守反击中运用摆拳,效果最佳。

实战运用1:在对峙状态下,甲用左直拳佯攻,接着突然快速进步,以左摆拳抢攻乙头部(图2-3-20,图2-3-21)。

图2-3-20

图2-3-21

实战运用2:当乙用右正蹬腿攻击甲腹部时,甲迅速向左侧闪并左手里挂防守,接着以右摆拳反击乙头部(图2-3-22,图2-3-23)。

图2-3-22

图2-3-23

三、勾拳

(一)左勾拳

动作方法:从实战姿势开始,上体微向左转动,同时重心略微下沉,左手臂回收贴于左肋部,左拳自然置于面部侧下方,重心略偏左腿;随即左脚蹬地,向右转髋、挺腹,左拳向前上方击出,大小臂之间的夹角为90°～120°,拳心向内,力达拳峰,动作完成后肩、臂部自然放松(图2-3-24～图2-3-27)。

图2-3-24

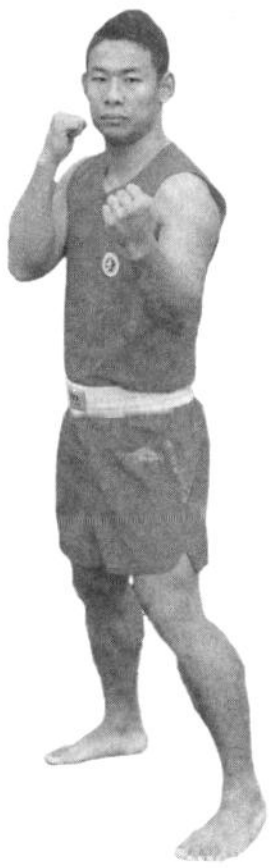

图2-3-25

图2-3-26

图2-3-27

要点:蹬地、转髋、挺腹与勾击动作连贯;爆发式发力。

(二)右勾拳

动作方法:从实战姿势开始,身体微向右转动,同时重心下沉,随即右脚蹬地,向左转体、挺腹,右拳向前上方击出,大小臂之间的夹角为90° ~120° ,拳心向内,力达拳峰,动作完成后肩、臂部自然放松(图2-3-28~图2-3-31)。

图2-3-28

图2-3-29

图2-3-30

图2-3-31

要点:右脚蹬地、转体、挺腹与勾击动作连贯协调;用力顺达。

易犯错误:拳向外绕行,击打无力。

纠正方法:强调动作路线与用力顺序;对镜练习;打手靶体会动作用力顺序。

易犯错误:拳向后拉,预摆过大。

纠正方法:严格动作运行路线;讲解、示例动作预摆过大易被反击的危害;对镜练习。

易犯错误:站立过高,重心不稳。

纠正方法:讲解身法要求;用手拍、按其肩部进行慢速模仿练习;打手靶体会身法对拳击打的助力作用。

简释:勾拳有上勾、下勾、平勾和斜上勾、斜下勾等多种击法,是一种能充分调动身体的力量,从而获得较大攻击力的近战重拳。上勾拳以对手的胸、腹及下颌为主要攻击目标,平勾拳则以攻击侧面部为主。大、小臂夹角根据攻击目标的位置距离的不同而变化,在练习中要熟练掌握适用于不同距离、多种角度的打法。在实战比赛中,勾拳主要用于近距离的连续攻击或反击对手拳、摔法的进攻。

实战运用1:在对峙状态下,甲左拳佯攻,当乙用右手防守时,甲突然快速进步逼近,以左勾拳攻击乙头部右侧(图2–3–32,图2–3–33)。

实战运用2:当乙用右摆拳攻击甲头部时,甲迅速用左前臂格挡防守,随之以右勾拳反击乙下颌(图2–3–34,图2–3–35)。

图2–3–32

图2–3–33

图2–3–34

图2–3–35

四、鞭拳

(一)左鞭拳

动作方法:从实战姿势开始,右脚上步落于左脚前并稍内扣,身体左后转180° 左右;随即左脚经右脚后插步,身体继续左后转,同时以腰带动左臂向左侧横向鞭击，拳心向内，力达拳轮或拳背。右拳自然收护于颌前（图2–3–36～图2–3–39）。

图2–3–36　图2–3–37　图2–3–38　图2–3–39

要点：转体要快，支撑要稳；以腰带臂横向鞭击，连贯协调。

（二）右鞭拳

动作方法：从实战姿势开始，以左脚前掌为轴，身体向右后转180°，随即右脚经左脚后插步；身体继续右后转，同时以腰带动右臂向右侧横向鞭击，拳心向内，力达拳轮或拳背。左拳自然收护于颌前（图2–3–40～图2–3–43）。

图2–3–40　图2–3–41　图2–3–42　图2–3–43

要点：插步、转体连贯协调，支撑要稳；以腰带臂横向鞭击，用力顺达；攻击完成后成右实战姿势。

易犯错误:转体不到位,站立不稳。

纠正方法:强调绕身体纵轴转体;做有参照物的插步、转体与鞭击的分解练习,再至完整动作的徒手练习。

易犯错误:击点过低,形成劈击。

纠正方法:原地鞭击练习,重点体会攻击手臂的运行路线和发力方法。

易犯错误:插步、转体与鞭击不连贯,击打无力。

纠正方法: 快速完整动作的徒手练习; 协调连贯、快速有力地击打手靶练习。

简释:鞭拳是横向型攻击动作,能借助转体的惯性,以腰带臂甩拳鞭击,所以攻击力强,威力大。比赛中多用于攻击对手的头部。虽然动作幅度大,运行路线长,但由于是转体击打,仍具有一定的隐蔽性、突然性。在比赛中,既能运用于拳、腿的组合连击,更适用于防守后的反击。但在使用时必须做到突然、迅猛,以迅雷不及掩耳之势发出攻击,出其不意,攻其不备,方能使对手防不胜防。

实战运用1:在对峙状态下,甲左直拳佯攻,接着突然插步、转体,以右鞭拳抢攻乙头部(图2-3-44,图2-3-45)。

图2-3-44

图2-3-45

实战运用2:当乙用左鞭腿攻击甲身体右侧时,甲迅速用左手抄抱其腿防守,随即右后转体,以右鞭拳反击乙头部(图2-3-46,图2-3-47)。

图2-3-46

图2-3-47

第四节　基本腿法

腿法是武术散打比赛中中、远距离攻击对手的主要方法。分屈伸性腿法、直摆性腿法和扫转性腿法三大类。拳谚曰："手是两扇门，全凭脚打人。"说明腿法在众技法中具有举足轻重的地位。腿法攻击距离远，力度大，变化多，在中、远距离可直接打击对手的头部、躯干和下肢，攻击面大；同时具有隐蔽性、突袭性等攻其不备的特点。在比赛中运用巧妙，不但能直接得分，而且往往能重创对手。

比赛中使用腿法攻击时，必须与步法、身体动作协调配合，把控好距离、时机和击点，踢击快速有力，才能发挥其攻击威力，获得最佳的攻击效果。但是"起腿半边空"，单腿支撑平衡能力差，容易被对方摔倒。所以，实施腿法攻击时要注意对自身的防御，以免被对手有机可乘。

一、正蹬腿

（一）左正蹬腿

动作方法：从实战姿势开始，身体重心后移，右腿支撑，左腿屈膝提起，脚尖勾起，以脚后跟领先向正前方送髋蹬出，右腿直立或稍屈支撑。（图2-4-1～图2-4-3）。

图2-4-1

图2-4-2

图2-4-3

要点：快速连贯；充分挺膝发力；上体姿势基本不变。

（二）右正蹬腿

动作方法：从实战姿势开始，身体重心前移，左腿微屈支撑，右腿随即向正前方屈膝上提，以脚跟领先向前送髋蹬出，力达脚跟；左腿直立或稍屈支撑（图2-4-4～图2-4-6）。

图2-4-4

图2-4-5

图2-4-6

要点：右腿屈膝高抬，爆发用力；抬腿、发力、送髋要一气呵成。

易犯错误：髋、踝关节放松，形成弹踢。

纠正方法：强调动作规格要求；蹬击脚靶、沙包，体会动作力点、击点。

易犯错误：力不顺达，蹬击无力。

纠正方法：强调送髋、挺膝，做快速连贯的空击练习；做蹬击树干、沙包等的练习。

简释：正蹬腿是直线型腿法，在比赛中既能用于主动进攻，亦能用于对对手前冲逼打的阻击。出腿速度快，击点多，攻击力强，对手难以防守或不易使用接腿摔技术反击。在武术散打比赛中正蹬腿多与拳法配合使用，形成组合技术，运用于连续攻击。在比赛中使用时，要注意保持身体重心稳定，快打快收，防止对手接腿摔反击。

实战运用1：在对峙状态下，甲用左右直拳佯攻，接着快速以右正蹬腿抢攻乙胸、腹部（图2–4–7）。

实战运用2：在对峙状态下，当乙用右鞭腿攻击甲身体左侧时，甲抢先出左正蹬腿蹬击乙髋部（图2–4–8）。

图2–4–7

图2–4–8

二、鞭腿

（一）左鞭腿

动作方法：从实战姿势开始，上体稍向右侧倾，重心后移的同时，左腿屈膝展髋，使膝内扣翻转侧向提起，脚背绷直，随即由屈到伸，大腿带动小腿从左向右前鞭击，力达脚背；右腿直立或稍屈支撑（图2–4–9 ~图2–4–11 ）。

图2–4–9

图2–4–10

图2–4–11

要点:动作连贯、协调,以腰带腿充分挺膝发力;保持自身平衡。

(二)右鞭腿

动作方法:从实战姿势开始,上体稍向左侧倾,重心前移的同时,右腿屈膝提起并使膝内扣,脚背绷直;动作不停,同时上体左转90° ,右腿边侧抬边由屈到伸,大腿带动小腿向左前鞭击,力达脚背;左腿直立或稍屈支撑(图2–4–12 ~ 图2–4–14)。

图2–4–12

图2–4–13

图2–4–14

要点:快速连贯,一气呵成;以腰带腿充分挺膝发力。

易犯错误:力不顺达,鞭击无力。

纠正方法:强调动作路线与用力顺序;做快速连贯的空击和踢击脚靶、沙包的练习。

易犯错误:踝关节放松,膝不内扣,形成摆腿。

纠正方法:强调动作规格要求;踢击脚靶、沙包,体会动作的力点。

简释:鞭腿在比赛中既能用于主动进攻,亦能用于防守反击。出腿快捷,易于变化,击点广泛。鞭腿在进攻中使用时,多配合拳法的佯攻或与其他腿法形成连击;在反击中使用时,多运用灵活的步法左右侧闪,避开对手的正面攻击后实施反击。在比赛中运用鞭腿时,要做到快速连贯,脆、快有力,并要击点准确;另外,要注意快打快收,以防对手抄抱,使用摔法反击。

实战运用1:在对峙状态下,甲向左侧跳闪半步,以迷惑对手,接着突然垫步用左鞭腿抢攻对手头部或腹部(图2-4-15,图2-4-16)。

图2-4-15

图2-4-16

实战运用2:当乙用右鞭腿攻击甲身体左侧时,甲迅速用左手格防并右侧闪步躲避,随即以右鞭腿反击乙头部或肋部(图2–4–17,图2–4–18)。

图2–4–17

图2–4–18

三、侧踹腿

(一)左侧踹腿

动作方法:从实战姿势开始,重心稍右移,身体右转90° ,左腿屈膝抬起,与髋同高,小腿外翻,脚尖勾起,脚底对准攻击方向;随即大腿推动小腿向前踹出,力达全脚掌。踹击发力的同时,支撑腿的脚跟内收,送髋助力(图2–4–19~图2–4–21)。

图2–4–19

图2–4–20

图2–4–21

要点:提膝、踹击快速连贯;在击中目标前的瞬间要骤然拧腰、送髋,以形成爆发力。攻击对手头、胸等高位目标时，上体可右侧倾，但要注意保持自身平衡。

（二）右侧踹腿

动作方法：从实战姿势开始，重心前移，左脚尖外展，上体左转90° 的同时，右腿屈膝抬起，与髋同高，小腿外翻，脚尖勾起，脚底对准攻击方向；随即大腿推动小腿向前踹出，力达全脚掌。踹击发力的同时，支撑腿的脚跟内收，送髋助力（图2–4–22～图2–4–24）。

图2–4–22

图2–4–23

图2–4–24

要点：转体与提膝、踹击快速连贯；充分挺膝发力。踹击完成后成右实战姿势。

易犯错误：收腹、屈髋、撅臀，力不顺达，攻击距离短。

纠正方法：强调放长击远，肩、髋、膝、踝关节成一条直线；一手扶肋木或其他支撑物，由慢到快反复进行空击练习。

易犯错误：支撑不稳，踹击无力。

纠正方法：强调支撑腿的脚跟内收，送髋助力；快速有力地踹击脚靶、沙包的练习。

简释：侧踹腿是屈伸性腿法的典型代表，分前腿侧踹、后腿侧踹及转身侧踹三种，每种又分高、中、低三类。在比赛中既能用于主动进攻，亦广泛运用于迎击、阻击。侧踹腿攻击面大、范围广，可在远、中距离直接踹击对手的头部、躯干和下肢。可以结合多种步法进行攻击，进可踹，退可踹，还能连环击打（单腿连环、左右连环），变化多端，威力很大。在使用时要快速连贯，用力顺达。踹击的刹那配合支撑腿前脚掌的转动，以及骤然地拧转髋部，以增加踹击力度和攻击距离。

实战运用1：在对峙状态下，甲突然垫步用左侧踹腿抢攻乙的大腿、胸腹或头部(图2-4-25)。

图2-4-25

实战运用2：当乙用左鞭腿攻击甲头部时，甲迅速用右前臂格挡防守，随即以左侧踹腿反击乙的胸腹部或右支撑腿(图2-4-26，图2-4-27)。

图2-4-26

图2-4-27

四、勾踢腿

(一)左勾踢腿

动作方法:从实战姿势开始,重心后移,右腿稍屈支撑,膝略外展,左腿以大腿带动小腿,直腿向前、向右弧线擦地勾起,力达脚弓内侧(图2-4-28~图2-4-30)。

图2-4-28

图2-4-29

图2-4-30

要点:转体、勾踢要协调连贯,力点准确。

(二)右勾踢腿

动作方法:从实战姿势开始,重心前移,左腿微屈支撑,左膝外展,向左拧腰转胯,同时右脚抬起,脚尖内扣,大腿带动小腿,直腿向前、向左弧线擦地勾起,力达脚弓内侧(图2-4-31~图2-4-33)。

图2-4-31

图2-4-32

图2-4-33

要点：转体、勾踢要协调连贯，力点准确，放长击远。注意保持身体平衡。

易犯错误：屈髋、撅臀，攻击距离短。

纠正方法：强调放长击远；由慢到快、由近至远，反复勾踢参照物练习。

易犯错误：动作预摆大，脚踝放松，勾踢无力。

纠正方法：强化动作运行路线、用力方向和力点；勾踢木桩、布人；两人配合下的勾踢技术运用练习。

简释：勾踢腿主要用于攻击对手的小腿下端和踝关节处，以破坏其支撑稳定，使对手失去平衡而倒地，从而遏止其进攻和直接得分。在比赛中使用时，要配合步法主动靠近对手，勾踢时不能有预摆动作，力求动作简捷，快速有力，力点、击点准确；如与以手搂拨对手上体相配合，效果更好。由于勾踢腿在近战中使用，所以要注意对自身头部的防护。

实战运用1：当乙上步逼近欲使用拳法攻击，且身体重心落在左（前）脚时，甲迅速用右勾踢腿勾击其左踝关节处（图2-4-34，图2-4-35）。

图2-4-34

图2-4-35

实战运用2：当乙用左正蹬腿攻击甲胸部时，甲迅速抄抱其腿，接着垫步以左勾踢腿勾击乙右支撑腿下端，同时用手上托其腿，将之摔倒（图2-4-36，图2-4-37）。

图2-4-36

图2-4-37

五、转身后蹬腿

动作方法：（以右转身后蹬腿为例）从实战姿势开始，左脚内扣，重心移至左腿，以左脚前脚掌为轴向右后方转体180° ，转体的同时右腿屈膝提起，脚尖朝下，脚底正对后方，随之向后用力蹬出，力达全脚掌（图2-4-38 ~ 图2-4-40）。

图2-4-38

图2-4-39

图2-4-40

要点：转身时以头领先，转身、屈膝、蹬腿一气呵成，快速连贯。

易犯错误：转身时重心不稳，形成撩、摆腿。

纠正方法：转身、屈膝、蹬击的分解练习；对参照物的后蹬腿空击练习。

易犯错误:方向不正,蹬击无力。

纠正方法: 强调以头领先，支撑腿的脚前掌为轴转动；蹬击脚靶、沙包练习。

简释:转身后蹬腿是一种直线性攻击腿法。主动进攻中运用可配合其他技法形成组合连击,反击中主要运用于对拳法、鞭腿进攻的阻击,主要以对手的腹部为攻击目标。具有隐蔽及转体助力的特性,快速突然地施以后蹬腿攻击,往往能使对手防不胜防。在比赛中使用时,要用力顺达,快速连贯,一气呵成;并要准确判断与对手的距离,避免出现因击空而导致的被动局面。

实战运用1:甲使用左直拳佯攻,接着迅速用右转身后蹬腿攻击乙腹部(图2-4-41,图2-4-42)。

图2-4-41

图2-4-42

实战运用2:当乙用直拳攻击甲头部时,甲迅速退闪防守,接着以右转身后蹬腿反击乙腹部(图2-4-43,图2-4-44)。

图2-4-43

图2-4-44

六、转身后摆腿

动作方法:(以右转身后摆腿为例)从实战姿势开始,左脚内扣,重心移至左腿,以左脚掌为轴身体向右后方转体360° ,在转体的同时,右腿展髋伸直,向右后方摆击,脚面绷直,力达全脚掌或脚后跟,目视攻击方向(图2-4-45~图2-4-47)。

图2-4-45

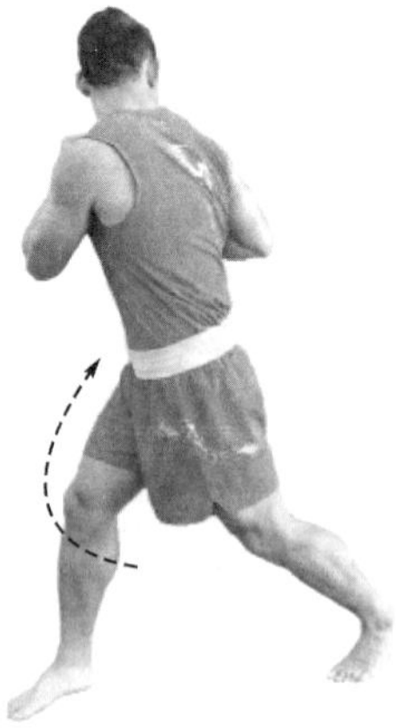

图2-4-46

图2-4-47

要点:转身时以头领先,转体、出腿、摆击协调连贯,快速有力。

易犯错误:低头、收腹屈髋,重心不稳,方向不正。

纠正方法：转头、转身和摆击的分解练习；对参照物的后摆腿空击练习。

易犯错误：摆击无力，攻击距离过短。

纠正方法：强调以头领先，转体带动摆击的用力顺序；放长击远，摆击脚靶、沙包练习。

简释：转身后摆腿是一种横向击打的扫转性腿法。主动进攻中运用可配合其他技法形成组合连击，亦可运用于对鞭腿进攻的反击；主要以对手的头部为攻击目标。转身后摆腿具有隐蔽及转体助力的特性，攻击威力大，在比赛中使用时若时机恰当，出其不意，能获重创对手的击打效果。但由于转身后摆腿动作运行路线长，易被防守或反击。所以运用时要果断、突然、快速，整个动作一气呵成，发力完整。另外，要注意攻击后的防御，做到攻守结合。

实战运用1：甲使用左鞭腿佯攻乙小腿，接着迅速用右转身后摆腿攻击乙头部（图2-4-48，图2-4-49）。

图2-4-48

图2-4-49

实战运用2:当乙用左鞭腿攻击甲腹部时,甲拍档防守,接着以右转身后摆腿反击乙头部(图2-4-50,图2-4-51)。

图2-4-50

图2-4-51

第五节　基本摔法

摔法,是指在近距离或贴身搂抱中攻击对手,致使其倒地的方法。摔法能灵活运用于主动进攻或防守反击中,内容丰富,技法繁多,分为接招摔和搂抱摔两大类,接腿摔技术是武术散打运动技法运用的显著特点之一。熟练地掌握摔法技术,并在比赛中成功地运用,不但是得分取胜的有效手段,而且能给对手造成心理压力,极大地消耗对手的体力,限制其技、战术的运用和发挥。

武术散打中的摔法,是根据对手的攻防动作及身体姿势、站位等不同情况随机运用的。所以在比赛中使用摔法技术时,必须做到快速、果断,顺势、借力施技而摔倒对手,以免遭对手的拳、腿攻击。若结合踢、打等其他技法形成组合连招,摔打结合,随机施技,则能获得最佳的使用效果。

一、抱腿过胸摔

(一)抱双腿过胸摔

动作方法:当乙用直拳攻击甲头部时,甲迅速下潜躲闪,随即上左步,屈膝、弓腰,两手由外向内抱乙双腿腘窝上处,左肩前顶其髋腹部;接着上右步,蹬腿、挺腰、抬头，将乙抱起向后摔出(图2-5-1～图2-5-4)。

图2-5-1

图2-5-2

图2-5-3

图2-5-4

要点：潜闪及时、上步要快，抱腿要紧；快速连贯，一气呵成。

易犯错误：抱不住对方双腿。

纠正方法：强调动作规格要求；做用力蹬右腿、左脚上大步的徒手抱腿练习。

易犯错误：抱不起对手。

纠正方法：上步抱布人练习，强化贴身近、双手搂抱紧；两人配合，进行快速连贯的抱起练习。

（二）抱单腿过胸摔

动作方法：当乙用直拳攻击甲头部时，甲迅速下潜躲闪，随即上左步，屈膝、弓腰，左手由外向内抱乙左腿膕窝上处，右手从外向内搂抱其左大腿，左肩前顶其髋腹部；接着上右步，蹬腿、挺腰、抬头，以肩为支点将乙抱起向后摔出（图2-5-5～图2-5-8）。

图2-5-5

图2-5-6

图2-5-7

图2-5-8

要点：潜闪及时、上步要快，抱腿要紧；快速连贯。左手亦可从对手裆下穿过，并上托助力。

易犯错误：撅臀，两脚间距过大。

纠正方法：强调动作规格要求；做蹬右腿、左脚上大步接右脚跟进的专门练习。

易犯错误：抱不起对手。

纠正方法：抱布人练习，强化贴身近、搂抱紧；两人配合，进行快速连贯的上步、抱腿、抬头、直腰的抱起练习。

二、抱腿前顶摔

动作方法：当乙用直拳进攻时，甲迅速上步下潜闪躲，随即用两手抱住乙双腿腘窝处，接着两手屈肘回拉，同时左肩向前顶乙髋腹部，将其摔倒（图2–5–9 ~ 图2–5–11）。

图2–5–9

图2–5–10

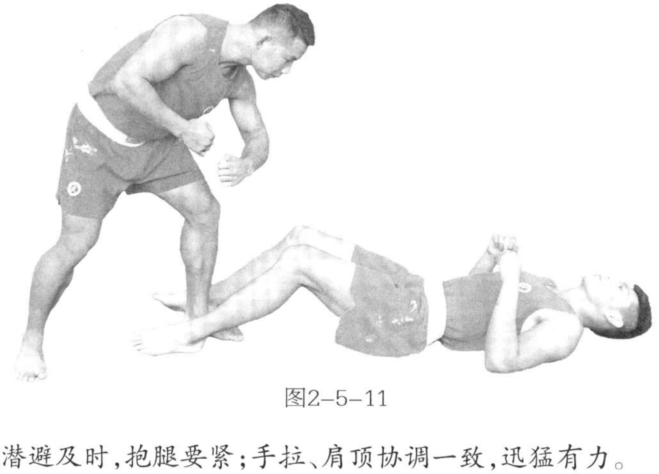

图2–5–11

要点：潜避及时，抱腿要紧；手拉、肩顶协调一致，迅猛有力。

易犯错误:抱不住双腿。

纠正方法:潜闪、蹬右腿、左脚上大步接右脚跟进的专门练习。

易犯错误:摔不倒对手。

纠正方法:两人一组,进行抱腿、拉手、前顶肩协同配合的专门练习。

三、夹颈过背摔

动作方法:当乙用右摆拳攻击甲头部时,甲迅速用左前臂向外格挡并搂夹其手臂;随即上右步落在乙右脚前,同时右臂屈肘夹其颈部;继之向左转体,左脚背步至与右脚平行,两腿稍屈膝,用右侧臀部抵顶住乙腹部;动作不停,两腿蹬伸,向下弓腰、低头将其背起后摔倒(图2-5-12~图2-5-15)。

图2-5-12

图2-5-13

图2-5-14

图2-5-15

要点：进身快，贴身近、夹颈紧；蹬、弓协同一致，快速连贯。

易犯错误：夹颈不牢固，脱手。

纠正方法：两人配合，进行背步、靠身和屈臂夹颈的专门练习。

易犯错误：背不起对手。

纠正方法：夹颈后，进行蹬腿、弓腰、低头协同发力，将对手背起的专门练习。

四、搂腰过背摔

动作方法：当乙用右摆拳攻击甲头部时，甲迅速用左前臂向外格挡并搂夹其手臂；随即上右步落在乙右脚前，同时右臂从乙左腋下穿过并搂抱住其腰背部；继之向左转体，左脚背步至与右脚平行，两腿稍屈膝，用右侧臀部抵顶住乙腹部；动作不停，两腿蹬伸，向下弓腰、低头将其背起后摔倒（图2–5–16～图2–5–19）。

图2–5–16

图2–5–17

图2–5–18

图2–5–19

要点:进身快,贴靠紧;快速连贯,爆发式用力。

易犯错误:抱腰不紧。

纠正方法:两人配合,进行背步、靠身和抱腰的专门练习。

易犯错误:摔不倒对手。

纠正方法:抱腰后,进行蹬腿、弓腰、低头协同发力,将对手背起摔倒的专门练习。

五、接腿掀托摔

动作方法:当乙用右正蹬腿攻击甲胸部时,甲迅速用两手扣握住乙小腿或脚踝处;随即屈臂上抬,两手换托乙右脚后,继之向前上方掀顶,将其摔倒(图2-5-20~图2-5-23)。

图2-5-20

图2-5-21

图2-5-22

图2-5-23

要点：防守及时，接腿要准、控腿要牢；掀顶快速有力。

易犯错误：接不住腿。

纠正方法：强调接腿的时机，做上步接腿或退闪后接腿练习；两人配合，进行对各种速度蹬、踹腿攻击的接腿练习。

易犯错误：掀不倒对手。

纠正方法：强调上步与掀腿同时进行；两人在擂台边，进行在对方抗摔下将其掀下台的专门练习。

六、接腿转压摔

动作方法：当乙用左鞭腿攻击甲腹部时，甲迅速上步并用左手抄抱乙左腿腘窝处，右手搂抓其小腿下端；随即右脚撤步，向右转体，同时右手向内扳压乙小腿，左肩前顶其大腿内侧，将其摔倒（图2-5-24～图2-5-27）。

图2-5-24

图2-5-25

图2-5-26

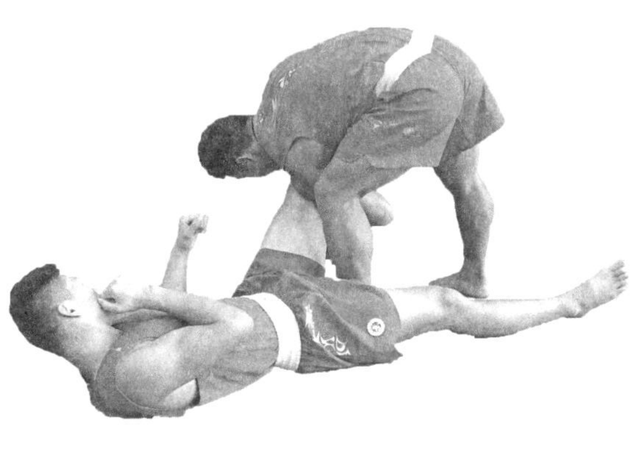

图2-5-27

要点：抱腿要紧；撤步、转体与压腿要快速连贯，协调一致。

易犯错误：接腿时被踢中腹部；接腿后被拳法击中头部。

纠正方法：强调手臂的主动前迎抄抱；徒手或两人配合下进行接腿、藏头与摔的快速练习。

易犯错误：摔不倒对手。

纠正方法：强调抱腿要紧；进行撤步、拉腿、压肩与转体的协同练习。

七、接腿勾踢摔

动作方法：当乙用右鞭腿攻击甲躯干时，甲迅速上左步，同时左手夹抱乙小腿，右拳反击其头部；继之右手从乙右肩上穿过并搂扒其颈部后侧，向右侧下方拉拽；同时左手上抬，右脚从右向左勾踢其左支撑腿踝关节处，将其摔倒（图2–5–28～图2–5–31）。

图2–5–28

图2–5–29

图2–5–30

图2–5–31

要点：上步及时，破坏其攻击距离，在对手未完成发力时接腿；击头要准；左手上抬、右手拉拽与勾踢要协调一致，快速有力。

易犯错误：接腿时被踢中肋部。

纠正方法：强调上步近身果断、快速；两人配合下的上步接腿练习。

易犯错误：勾踢不倒对手。

纠正方法：强调掀腿、拉颈与勾踢要同时进行，爆发式用力。两人配合进行勾踢支撑腿的专门练习。

八、接腿别腿摔

动作方法：当乙用左侧踹腿攻击甲胸部时，甲迅速左闪步，同时左手抄抱住乙左腿腘窝处，右手抓握其小腿；随即上右步，左腿抬起前伸至乙支撑腿后别腿，继之上体右转、变向，同时用肩臂下压乙左腿，将其摔倒（图2-5-32～图2-5-35）。

图2-5-32

图2-5-33

图2-5-34

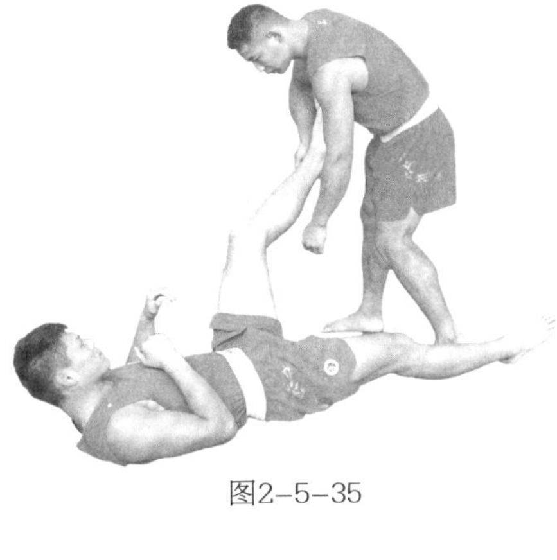

图2-5-35

要点：闪步、抄腿要快速连贯，抱腿要紧；别腿与转体、变向和肩臂下压要同时进行。

易犯错误：接不住腿。

纠正方法：强调接腿的时机；两人配合，进行闪步与接侧踹腿的专门练习。

易犯错误：摔不倒对手。

纠正方法：强调别腿、转体、变向与压腿同时进行；接腿后进行弱、强对抗下的别腿摔练习。

九、压颈推膝摔

动作方法：当乙用双手抱住甲左腿膝关节处时，甲立即重心下沉防守；随即用左手按压乙的颈部后侧，右手由内向外推托其左膝关节处或小腿，同时左后转体，变向，将其摔倒（图2-5-36～图2-5-39）。

图2-5-36

图2-5-37

图2-5-38

图2-5-39

要点:下沉防守与压颈要及时;压颈、推膝、变向、转体要协调一致,快速有力。

易犯错误:被对手摔倒。

纠正方法:强调反应快,压颈及时;两人配合,进行抱腿、防守与压颈时机的练习。

易犯错误:摔不倒对手。

纠正方法:强调压颈、推膝、转体、变向同时进行;两人配合,进行弱、强对抗下的压颈推膝摔练习。

第六节　肘、膝法

肘法,是屈肘时利用臂部和突起的肘尖进攻和防守的方法。由于肘关节既尖且硬的骨结构特点,所以在近距离格斗中攻击威力大,拳谚有"宁挨十手,不挨一肘""掌轻、拳重、肘要命"之说。肘法主要攻击对手的头部、颈部等人体薄弱部位。膝法,是利用屈膝时的腿部和膝尖进攻和防守的方法。具有攻击力度大、速度快、攻击面广及隐蔽性好等特点,在近距离格斗中,往往能一击奏效,使对手丧失抵抗力。膝击角度多变,攻击部位广泛,主要以面部、腹部、裆部等人体薄弱部位为攻击目标。由于肘、膝法攻击的距离短,在格斗中运用时要配合快速敏捷的步法贴近对手,近身施技;若拳、肘、膝上下结合,形成组合连续攻击,能够产生极大杀伤力。

中国武术协会颁布的《武术散打竞赛规则》(2016)中,肘、膝法被列为禁用方法。但在近年举办的国内外武术散打职业比赛中,膝法技术已可以有条件使用。本节仅介绍基本的肘、膝技术。

一、肘法

(一)顶肘

1.左顶肘

动作方法:从实战姿势开始,左臂内旋平屈抬起,身体微向右转,左手平于胸前,拳心向下,肘尖向前撞击,身体顺势微左转,力达肘尖(图2–6–1 ~

图2-6-4）。

图2-6-1

图2-6-2

图2-6-3

图2-6-4

要点：以腰带肘，协调连贯；爆发式用力。

2.右顶肘

动作方法：从实战姿势开始，右脚上步或左脚撤步，右手平屈抬起，拳心向下，以肘尖直线向前撞击，力达肘尖（图2-6-5～图2-6-7）。或躯干向右后方转体，同时右手向后屈曲抬起，拳心向内，直线向后撞击，力达肘尖（图2-6-8）。

图2-6-5

图2-6-6

图2-6-7

图2-6-8

要点:上步或撤步与肘击要协调连贯;以腰带肘,爆发式用力。

易犯错误:肘击无力;攻击距离短。

纠正方法:强调动作用力顺序与短促、爆发式发力要求;面对镜子模仿练习,重点体会腰、髋转动助力肘击的协同发力方法。

(二)盘肘

1.左盘肘

动作方法:从实战姿势开始,身体微向左转,随之上体右转,同时左臂内旋平屈,拳心向下,左肘向前横向击打,力达肘尖(图2-6-9~图2-6-11)。

图2-6-9

图2-6-10

图2-6-11

要点：转体、盘肘协调连贯；转腰、送肩助力肘击。

2.右盘肘

动作方法：从实战姿势开始，身体左转，同时右臂上抬平屈，拳心向下；随之转腰、送肩向前横摆盘打，力达肘尖（图2-6-12～图2-6-14）。

图2-6-12

图2-6-13

图2-6-14

要点：转体、盘肘协调连贯；以蹬腿、转腰、送肩助力，爆发式用力。

易犯错误：动作脱节，肘击无力；动作幅度过大，重心不稳。

纠正方法：强调蹬腿、转体、肘击协同一致，快速连贯；击打脚靶、沙包，练习短促、爆发式发力方法。

（三）挑肘

1.左挑肘

动作方法：从实战姿势开始，身体稍下潜，重心落于左脚，随之迅速蹬地、挺身、提肩，左臂屈肘夹紧，拳心向内，由下向上挑打，力达肘尖（图2–6–15～图2–6–18）。

图2–6–15

图2–6–16

图2–6–17

图2–6–18

要点：挑打、提肩动作协同一致，力发于腰，达于肘。

2.右挑肘

动作方法：从实战姿势开始，身体左转，随之蹬地、挺身、提肩，右臂屈肘夹紧，拳心向内，由下向上挑打，力达肘尖（图2–6–19～图2–6–22）。

图2-6-19

图2-6-20

图2-6-21

图2-6-22

要点：转体、提肩、挑打动作快速连贯；爆发式用力。

易犯错误：发力时间过长，肘击无力；动作幅度过大，重心不稳。

纠正方法：强调蹬腿、转体、提肩、肘击协同一致，快速连贯；击打脚靶、沙包，体会动作路线和练习爆发式发力方法。

（四）砸肘

1.左砸肘

动作方法：从实战姿势开始，身体微向右转，同时左臂屈肘夹紧，稍上抬，拳心向内，随即身体重心下沉，同时左肘由上垂直向下砸击，力达肘尖（图2-6-23～图2-6-26）。

图2-6-23

图2-6-24

图2-6-25

图2-6-26

要点:沉身与砸肘要协调一致;爆发式用力。

2.右砸肘

动作方法:从实战姿势开始,身体稍左转,同时右臂屈肘夹紧,稍抬起,拳心向内,随即身体重心下沉,同时右肘由上向垂直下砸击,力达肘尖(图2-6-27~图2-6-30)。

要点:转体、沉身与砸肘要协调一致,快速连贯;爆发式用力。

图2-6-27

图2-6-28

图2-6-29

图2-6-30

易犯错误:转体、沉身、砸击动作脱节,肘击无力。

纠正方法:强调转体、沉身、肘击协同一致,快速连贯;砸击脚靶、沙包,练习短促、爆发式发力方法。

二、膝法

(一)顶膝

1.左顶膝

动作方法:从实战姿势开始,身体重心移至右腿,同时左腿屈膝上顶,高过于腰,左脚尖自然下垂,力达膝尖(图2-6-31 ~ 图2-6-33)。

图2-6-31

图2-6-32

图2-6-33

要点:支撑腿要稳,保持平衡;上顶要短促有力。

2.右顶膝

动作方法:从实战姿势开始,身体重心移至左腿,同时右腿屈膝上顶,高过于腰,右脚尖自然下垂,力达膝尖(图2-6-34 ~ 图2-6-36)。

图2-6-34

图2-6-35

图2-6-36

要点:支撑腿要稳,保持平衡;上顶要短促、爆发式用力。

易犯错误:顶击无力。

纠正方法:强调顶击力来自送髋、提膝的合力;顶击脚靶、沙包,练习短促、爆发式发力方法。

(二)撞膝

1.左撞膝

动作方法:从实战姿势开始,身体微左转,左胯外展,随后重心移至右腿,左腿屈膝内旋,小腿外翻,膝高过腰,由外向内横向撞击,力达膝尖内侧(图2-6-37 ~ 图2-6-39)。

图2-6-37

要点:左胯外展与内旋要连贯,发力于腰,支撑腿要稳。

图2-6-38

图2-6-39

2.右撞膝

动作方法:从实战姿势开始,身体微右转,右胯外展,随后重心移至左腿,右腿屈膝内旋,小腿外翻,膝高过腰,由外向内横向撞击,力达膝尖内侧(图2-6-40~图2-6-42)。

图2-6-40

图2-6-41

图2-6-42

要点:右胯外展与内旋要连贯,发力于腰,支撑腿要稳。

易犯错误:动作幅度过大;撞击无力。

纠正方法:强调撞击力来自合胯、转腰与膝击的合力;撞击胸靶、沙包,练习短促、爆发式发力方法。

（三）冲膝

1.左冲膝

动作方法:从实战姿势开始，身体重心移至右腿，随之左腿屈膝提起，高平于腰，脚尖自然下垂，继之向前送髋冲出，力达膝尖（图2-6-43～图2-6-45）。

图2-6-43

图2-6-44

图2-6-45

要点:挺腹、送髋与冲击协调连贯，膝前冲短促有力。

2.右冲膝

动作方法:从实战姿势开始，身体重心移至左腿，随之右腿屈膝提起，高平于腰，继之向前送髋冲出，力达膝尖（图2-6-46～图2-6-48）。

图2-6-46

图2-6-47

图2-6-48

要点：挺腹、送髋与冲击协调连贯，上体稍后仰助力；膝前冲短促用力。

易犯错误：动作幅度过小；冲击无力。

纠正方法：强调冲击力来自挺腹、送髋与膝前冲的合力；冲击胸靶、沙包，练习短促、爆发式发力方法。

第七节　基本跌法

跌法，是指合理倒地的方法。在武术散打比赛中，运动员倒地的方法分为主动倒地和被动倒地两种不同的类型。主动倒地是运动员使用技法的需要，如倒地后接蹬腿（俗称：兔子蹬鹰），伏地前、后扫腿等。被动倒地是运动员被对方摔倒或自己使用动作失误而造成的倒地。通过跌法技术的练习，学习合理的倒地方法，既可掌握被摔倒后的自身保护技巧，又能增强身体的抗击打能力，避免摔伤；而且可以利用跌法技术变被动为主动，运用主动倒地的技法攻击对手。

一、前滚翻

动作方法：由站立姿势开始，身体全蹲，双手撑地，重心移至两手上。继之两脚用力蹬地，同时低头屈臂，团身向前滚动，然后双手抱小腿成蹲立，再站起（图2-7-1 ~图2-7-4）。

图2-7-1

图2-7-2

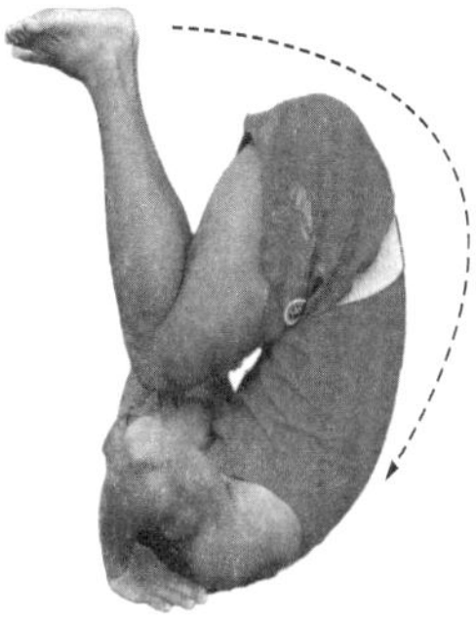

图2-7-3

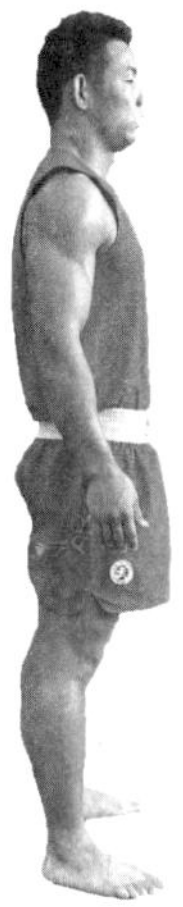

图2-7-4

要点：低头、团身，滚翻成圆。

易犯错误：动作不连贯，展体过早。

纠正方法：强调团身、滚圆的动作要领；在做滚翻动作时，从后、侧方向给予助力。

二、后滚翻

动作方法：身体全蹲，双手向后撑地。继之低头含胸，团身快速后倒，经臂、腰、肩、后脑依次向后滚动。然后双腿蹲立，双手推撑站立（图2-7-5～图2-7-7）。

图2-7-5

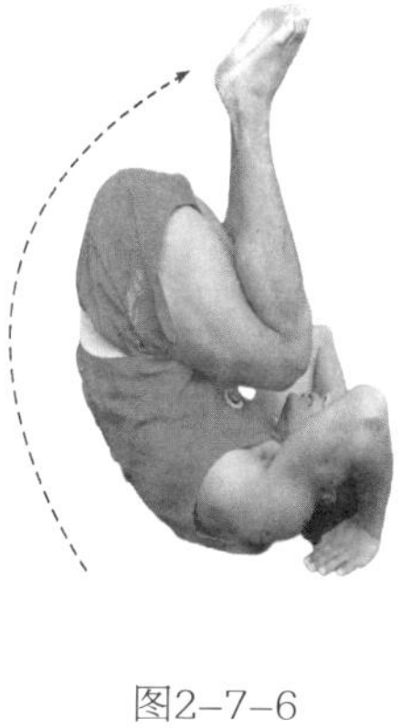

图2-7-6

图2-7-7

要点：团身紧，方向正，滚翻成圆。

易犯错误：团身不紧，后倒无力，展体过早。

纠正方法：强调团身、滚圆的动作要领；在做后滚翻动作时，从侧方向给予助力。

三、鱼跃前滚翻

动作方法：双脚自然开立，屈膝蹲立。右脚上前一步，随即两脚蹬地，同时闭气，两臂向前摆伸，身体腾空。随后双臂向前下伸，同时勾头，肩背顺势触地，团身向前方滚翻，双脚着地的同时两手拍地，完成后站起（图2-7-8～图2-7-11）。

图2-7-8

图2-7-9

图2-7-10

图2-7-11

要点：闭气、低头、团身，动作连贯。

易犯错误：滚动不连贯，躯干展开过早。

纠正方法：强调低头、团身、滚圆的动作要领；慢速、低姿及置放参照物练习。

四、前倒

动作方法：并腿站立，上体前倒。同时闭气，两臂摆伸后屈肘，顺势双手撑地，屈臂缓冲（图2-7-12～图2-7-14）。

图2-7-12

图2-7-13

图2-7-14

要点：闭气、挺膝、扶臂、梗脖，下颌内收，腰背肌紧张收缩。

易犯错误：腰、髋、膝等关节松懈，导致腹部或膝关节先着地。

纠正方法：降低练习难度，消除胆怯心理；可从跪姿或蹲姿开始练习，反复体会腰、背等肌肉紧张收缩与双手拍地、屈臂缓冲的动作要领。

五、后倒

动作方法：两脚分开或并步站立，屈膝下蹲。然后闭气，上体后倒，收下颌，在肩背触地的同时，两手在体侧拍地（图2-7-15 ～图2-7-17）。

图2–7–15

图2–7–16

图2–7–17

要点：闭气、含胸、收腹，下颌内收，双手主动拍地缓冲。

易犯错误：臀部先着地，用手撑地。

纠正方法：降低练习难度，消除胆怯心理；可从坐姿开始练习后倒，反复体会含胸收腹，双手拍地，同时背部肌肉紧张收缩的动作要领。

六、侧倒

动作方法：（以左侧倒为例）两脚分开站立，左腿屈膝下蹲。然后闭气，上体向左侧倒，左前臂内旋，在大腿外侧触地，右手指朝内，手臂微屈，在体侧拍地(图2–7–18 ~ 图2–7–20)。

图2–7–18

图2–7–19

图2–7–20

要点:左臂屈肘,倒地时闭气、盘腿,身体侧面接触地面要大。

易犯错误:侧倒时身体不平;同侧手臂没有内旋。

纠正方法:降低练习难度;可从全蹲姿开始练习,反复体会身体触地、手臂内旋的动作要领。

第八节 防守技术

防守技术,是指遏止或削弱、破坏对手的进攻,保护自己并能使自己处于最佳反击位置的方法。其最终目的在于防守后的反击。准确、巧妙地防守,不但能有效地保护自己,而且能为反击创造有利的条件。

防守技术分为接触性防守和非接触性防守(闪躲)两大类。接触性防守是通过肢体的拦截达到防守目的;而非接触性防守是通过身体姿势的变化或是位置的移动达到防守目的。接触性防守要求防守面大,动作幅度小,由守转攻的速度快;非接触性防守要求时机恰当,位移准确,以免被击中或贻误反击时机。在武术散打比赛中,要根据不同的情况灵活运用。总之,在运用防守技术时,要善于洞察对手的意图和进攻招法,判断准确、反应敏捷,才能有效地遏制对手的进攻,并创造和捕捉战机去实施反击。

一、接触性防守

(一)拍挡

动作方法:由实战姿势开始,左(右)手以掌心或拳心为着力点向里横向拍压,同时上体微右(左)侧闪(图2-8-1~图2-8-3)。

要点:动作幅度小;用力要短促。

图2-8-1

图2-8-2

图2-8-3

易犯错误：向前方迎拨，幅度过大。

纠正方法：强调只动前臂，不能伸肘、伸臂；两人配合练习。

简释：主要用于防守直线型拳法或腿法对头、胸部的攻击。拍挡时机要恰当，在对手发力将要完成时，运用拍挡防守以改变其攻击路线或减弱其攻击力。拍挡防守后，要快速反击。如拍挡直拳（图2–8–4）。

图2–8–4

（二）格挡

动作方法：由实战姿势开始，左（右）屈臂，前臂外旋由里向外格架，肘尖下垂，同时上体微左（右）转（图2–8–5～图2–8–7）。

图2–8–5

图2–8–6

图2–8–7

要点：动作幅度小，发力的瞬间肩、臂肌肉紧张；用力要短促。

易犯错误：抬肘过高，幅度过大。

纠正方法：强调动作规格要求的对镜练习；配对攻防练习，检查动作效果。

简释：主要用于防守对手横向型拳法或腿法对头、胸部的攻击。外格幅度不可过大，以免上体暴露空当；用力要适中，以格挡住对手的攻击为宜。如外格摆拳(图2-8-8)。

图2-8-8

(三)搂手

动作方法：(以左搂手为例)由实战姿势开始，左臂屈肘，前臂边内旋边翻掌由右上向左下搂刁对手前臂或腕关节(图2-8-9，图2-8-10)。

图2-8-9

图2-8-10

图2-8-11

要点：边向外格边搂刁；动作幅度小，迅捷；用力要短促。

易犯错误：抬肘过高，伸臂过长。

纠正方法：强调动作规格要求；两人配合，进行弱、强对抗下的搂刁练习。

简释：主要用于防守对手直线型或横向型拳法对头、胸部的攻击。搂刁动作要迅速，准确及时，搂刁后要顺势抓(夹)握，并立即实施反击。如搂刁直拳(图2-8-11)。

（四）挂挡

1.外挂挡

动作方法：由实战姿势开始，左（右）手臂由上向下、向左（右）后斜挂，肘尖朝后，手臂微屈，同时上体微左（右）转（图2-8-12～图2-8-14）。

图2-8-12

图2-8-13

图2-8-14

要点：前臂、腕要紧张用力；含胸收腹，动作幅度小。

易犯错误：臂向外横拦；肘尖朝外；直臂。

纠正方法：强调动作规格要求，正误对比示范；两人配合进行挂防鞭腿练习。

简释：主要用于防守对手横向型或直线型腿法对肋、腹部的攻击。外挂动作幅度要小，迅捷、短促有力；在比赛中多配合闪步进行；挂防后拳可迅速变勾手，勾挂住对手踝关节部位。如外挂鞭腿（图2-8-15）。

图2-8-15

2.里挂挡

动作方法：由实战姿势开始，左（右）臂内旋，左（右）拳由上向下、向右（左）斜下挂防，拳眼朝内、拳心朝左（右）。同时上体微右（左）转（图2-8-16～图2-8-18）。

图2-8-16

图2-8-17

图2-8-18

要点：稍屈肘，前臂滚动挂防；发力要短促。

易犯错误：臂向外弧形绕圈，动作幅度大。

纠正方法：正误对比示范；两人配合进行挂防蹬、踹腿练习。

简释：主要用于防守对手直线型或横向型腿法对腹、肋部的攻击。里挂动作幅度要小，以防住上体为宜。如对手攻击迅猛，则应配合闪步进行，并稍转体防守。里挂防守后，要迅速反击。如里挂正蹬腿（图2-8-19）。

图2-8-19

（五）抄抱

1.外抄抱

动作方法：（以左外抄抱为例）由实战姿势开始，左手屈臂外旋，上臂紧贴肋部，前臂水平，手心朝上；右手半握拳屈臂护于胸、头部位；继之左手左前上抄、右手左前迎，两手形成合抱状，同时上体微左转（图2–8–20，图2–8–21）。

图2–8–20

图2–8–21

图2–8–22

要点：含胸收腹；两手协同，左抄右迎，相合锁扣。

易犯错误：两肘离开躯干；两手防护不同步。

纠正方法：强调动作要领和要求；两人配合进行抄防鞭腿的多种速度练习。

简释：主要用于防守对手横向型腿法对头、胸、腹部的攻击。外抄抱可先做左臂下格动作，然后迅速外旋上抄；在整个抄抱进行时，右手都要始终护好头部左侧，以防被高腿击头。两手的防护面要大；判断准确、时机恰当，两手迅速相合锁扣，成钳子状，将对手小腿夹紧。如外抄抱左鞭腿（图2–8–22）等。

2.里抄抱

动作方法：（以左里抄抱为例）由实战姿势开始，左手屈臂向下、向里紧贴腹前，手心朝上；右手半握拳屈臂护于胸、头部位；继之左手向前内上抄、右手前迎，两手形成合抱状，同时上体微右转（图2–8–23，图2–8–24）。

图2–8–23

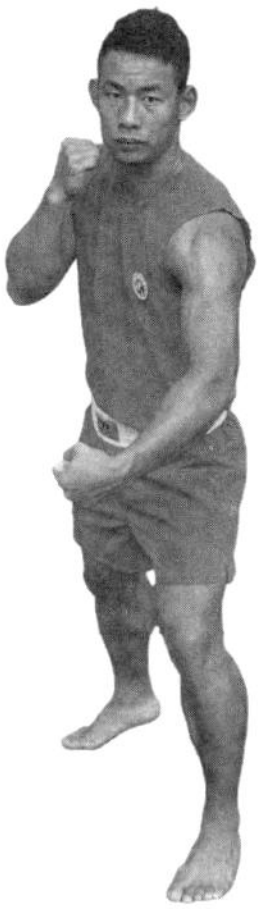

图2-8-24

图2-8-25

要点：含胸收腹；上步里抄；两手协同，相合锁扣。

易犯错误：手臂肌肉过于紧张，动作速度慢。

纠正方法：徒手里抄抱腿的模仿练习；两人配合进行抄防蹬腿的多种速度练习。

简释：用于防守对手直线型腿法或异侧横向型腿法对头、胸、腹、肋部的攻击。在比赛中运用时，要判断准确，把握好时机和距离，配合灵活的步法近身或退、闪步进行抄抱防守，以抄抱对手腘窝处最佳。同时，要注意对自身的防护。如里抄抱正蹬腿（图2-8-25）。

（六）阻截

动作方法：由实战姿势开始，左腿屈膝略抬，脚尖朝斜上，以脚掌为力点前伸截击，脚掌朝前下方（图2-8-26，图2-8-27）。

要点：抬腿快，支撑稳；截击迅捷、范围大。

图2-8-26

图2-8-27

易犯错误：出腿慢，截击不及时；踝关节放松。

纠正方法：典型示范；两人配合进行多种速度的阻截腿法进攻练习。

简释：阻截在比赛中运用时，要把控好距离。判断准、反应快，动作到位快。一旦捕捉到对手欲起腿攻击的战机，就要果断地抢先出腿，阻或截击对手小腿或大腿处，破坏其进攻。如阻截鞭腿（图2-8-28）。

图2-8-28

二、非接触性防守

（一）后闪

动作方法：由实战姿势开始，重心后移，梗脖缩颈，躯干略向后闪躲，目视对手（图2-8-29，2-8-30）。

图2-8-29

图2-8-30

图2-8-31

要点：后仰幅度适当，支撑要稳。

易犯错误：头部后仰，凸肚。

纠正方法：讲解实战用法要求；面对镜子模仿练习。

简释：用于防守对手拳、腿等对头、胸部的攻击。在比赛中运用时，要把握好时机，后闪幅度不宜过大，以躲闪开攻击为宜，并迅速施以反击。要保持对上体的防护，支撑稳定，目视对手。如后闪防直拳（图2–8–31）。

（二）侧闪

动作方法：由实战姿势开始，两膝微屈，俯身，躯干向左侧或右侧闪躲，目视对手（图2–8–32～图2–8–34）。

图2–8–32

图2–8–33

图2–8–34

要点：移动距离适宜；上体自然含缩，支撑要稳。

易犯错误：侧移距离过大，歪头。

纠正方法：典型示范；两人配合，一人以直拳或正蹬腿进攻，一人练习侧闪防守。

简释：用于防守对手直线型拳法或腿法对头、胸腹部的攻击。在比赛中运用时，要时机恰当，侧闪幅度不宜过大，以利于迅速反击；上体含缩，以减小暴露面积，目视对手。如侧闪防直拳（图2–8–35）。

图2–8–35

（三）潜闪

动作方法：由实战姿势开始，两腿微屈，沉胯、缩颈，使重心下降，身体向下弧形闪躲，两手紧护躯干以上部位，目视对手（图2-8-36，图2-8-37）。

图2-8-36

图2-8-37

图2-8-38

要点：动作要协调、快速；身体暴露面积要小。

易犯错误：只低头不屈膝，或只屈膝不含胸、沉胯，不缩颈。

纠正方法：讲解实战用法要求；面对镜子体会动作；两人配合，一人以摆拳进攻，一人练习潜闪防守。

简释：用于防守对手各种拳法或腿法对头部的攻击。在比赛中运用时，潜闪要迅速、及时，上体含缩，以减小暴露面积；注意两手对头部的防护。潜闪多与抱腿摔反击结合进行。如潜闪防直拳（图2-8-38）。

（四）提膝

动作方法：由实战姿势开始，重心移至右腿，同时左腿屈膝提起，目视对手（图2-8-39，图2-8-40）。

要点：提腿要迅速，支撑要稳；上体姿势保持不变。

图2-8-39

图2-8-40

图2-8-41

易犯错误：身体前倾，支撑不稳。

纠正方法：快速的多位提膝练习；提膝平衡后的静力练习。

简释：用于防守对手各种腿法对下肢的攻击。在比赛中运用时，提腿要迅速，支撑腿要稳，并保持对上体的防护。如防守低鞭腿、勾踢腿等。若对手的腿法攻击腰腹部，膝关节可稍里合或外摆，用小腿进行格挡，以接触防守进行对抗（图2-8-41）。

第九节　组合技术

组合技术，也称为组合连招或组合连击技术，是运用两个或两个以上动作连续攻击或攻、防结合的方法。既可单招连续攻击，又可多招连环击打；亦可打防结合，边防边打。由于武术散打技术动作繁多，所以连击方法多样，千变万化。但组合不能是盲目的，要根据动作转换的合理性和实战中运用的可行性、实效性而进行有机组合、搭配，才能达到连击得分和重创对手的目的。

在现代武术散打比赛中，仅靠单招攻、反是很难奏效的，必须能熟练掌握和灵活地运用连击技法。一旦抓住战机就全力以赴进攻，以迅雷不及掩耳之势连续攻击，使对手处于上、下、左、右多点受击之中，令其措手不及、防不胜防，才能获得最佳的打击效果。在实施连击时，要注意动作之间的衔接，合理地处理和熟练掌握两次击打动作之间的节奏及身体姿势。一般来说，第一击的结束应该是第二击的最佳发力的准备姿势。常用的组合技术有拳法连击、腿法连击、拳腿连击、拳摔连击、腿摔连击、拳腿摔连击等六种。

一、拳法连击

（一）左直拳—右直拳（图2-9-1，图2-9-2）

要点：步、拳协调配合，快速连贯；左拳轻快，右拳猛、狠。

图2-9-1

图2-9-2

（二）左直拳—右直拳—左摆拳（图2-9-3～图2-9-5）

要点：左、右直拳快速连贯；左摆拳要借助腰、髋的骤然向右拧转增力。

图2-9-3

图2-9-4

图2-9-5

(三)左直拳—右摆拳—左勾拳(图2-9-6~图2-9-8)

要点:直、摆拳要协调连贯,摆拳要猛;勾拳则借摆拳攻击后的缩身蓄力,突然挺腹、转体、爆发勾击。

图2-9-6

图2-9-7

图2-9-8

(四)右直拳—左摆拳—右鞭拳(图2-9-9~图2-9-11)

要点:步、拳协调配合;右直拳要快,能破坏对手的防御;左摆拳要猛,并"超目标"击打,为鞭拳做准备;转体与鞭击要协调一致,鞭击迅猛有力。

图2–9–9

图2–9–10

二、腿法连击

（一）左低鞭腿—左侧踹腿（图2–9–12,图2–9–13）

要点：左低鞭腿快打快收，爆发用力，鞭击后顺势向前落步；右脚用力蹬地，使身体重心前移，借助身体的前冲力猛力踹击。

图2–9–11

图2–9–12

图2–9–13

（二）左侧踹腿—右鞭腿（图2-9-14，图2-9-15）

要点：左侧踹腿攻击快速有力；身体重心随着踹击前移，左脚顺势左前落步，鞭击快速，击点多变。

图2-9-14

图2-9-15

（三）右正蹬腿—左转身踹腿（图2-9-16，图2-9-17）

要点：快蹬快收，并左前落步；随之身体左转带动左腿快速向后踹出。

图2-9-16

图2-9-17

（四）左正蹬腿—右鞭腿（图2-9-18，图2-9-19）

要点：蹬腿发力短促，并向前落步；随之上体左转，带动右腿鞭击；鞭击快速，击点多变。

图2-9-18

图2-9-19

三、拳腿连击

（一）左低鞭腿—右直拳（图2-9-20，图2-9-21）

要点：鞭击脆快有力；鞭击结束的刹那右脚蹬地，使身体前移并顺势击出直拳。

图2-9-20

图2-9-21

（二）左侧踹腿—右直拳（图2-9-22，图2-9-23）

要点：侧踹腿攻击快速有力；踹击结束的同时右脚用力蹬地使身体前移，随之击出右拳，攻击距离远。

图2-9-22

图2-9-23

（三）左正蹬腿—右直拳—左摆拳（图2-9-24 ~ 图2-9-26）

要点：正蹬腿快打快收，随之向前落步；右脚用力蹬地使身体前冲，同时击出右直拳、左摆拳，拳击快速连贯。

图2-9-24

图2-9-25

图2-9-26

(四)左直拳—右直拳—右勾踢腿(图2-9-27～图2-9-29)

要点: 左、右直拳快速连贯,迅猛有力;勾踢短促,爆发用力。

图2-9-27

图2-9-28

图2-9-29

四、拳摔连击

(一)左直拳—腿别摔(图2-9-30,图2-9-31)

要点: 直拳快速有力;上步与夹颈、别腿要快速连贯;左手配合别腿向右下拉、压。

图2-9-30

图2-9-31

（二）左直拳—右直拳—抱腿摔（图2-9-32～图2-9-34）

要点：左、右直拳快速连贯，拳、步协调；下潜抱腿快、紧，抬头、蹬腿、挺

图2-9-32

图2-9-33

图2-9-34

腹有力。

(三)左直拳—右摆拳—右夹颈摔(图2-9-35～图2-9-37)

要点:直拳快打快收,右摆拳迅猛有力;上右步夹颈与背步、摔法快速连

图2-9-35

图2-9-36

贯,一气呵成。

(四)右摆拳—左摆拳—接腿勾踢摔(图2-9-38～图2-9-40)

要点:右、左摆拳快速连贯,迅猛有力;上步、接腿与勾踢协调连贯,上

图2-9-37

图2-9-38

图2-9-39

图2-9-40

托、下勾协同一致，勾踢爆发用力。

五、拳腿摔连击

（一）左低鞭腿—右直拳—抱腿摔（图2-9-41～图2-9-43）

要点：鞭击脆快有力，直拳迅猛；鞭腿与直拳快速连贯；下潜抱

图2-9-41

图2-9-42

图2-9-43

腿、施摔迅捷。

图2-9-44

（二）左正蹬腿—右摆拳—右夹颈摔（图2-9-44～图2-9-46）

要点：快蹬快收，摆拳迅猛有力；蹬腿与摆拳快速连贯；夹颈、背步与摔法协调连贯，一气呵成。

图2-9-45

图2-9-46

（三）左直拳—右鞭腿—接腿别腿摔（图2-9-47～图2-9-49）

要点：直拳快打快收；鞭击爆发用力，踢至身体正前方时制动；接腿与别腿摔快速连贯，上、下协同一致。

图2-9-47

图2-9-48

图2-9-49

(四)右摆拳—左侧踹腿—接腿勾踢摔(图2-9-50～图2-9-52)

要点: 摆拳快打快收,侧踹腿爆发用力;接腿与勾踢摔快速连贯;上托、下勾协同一致,用力顺达。

图2-9-50

图2-9-51

图2-9-52

第十节 武术散打的技术特征及要求

武术散打技术的归类，一般分为实战姿势、步法、踢打法、摔法、跌法和防守法等几大类。本节简要介绍各项技术的主要特征及要求。

一、实战姿势的技术特征及要求

武术散打的实战姿势，通常也称预备姿势。武术运动中，不同的拳种有不同的预备姿势，如形意拳用三体式、长拳多用高虚步、南拳多用半马步、八卦掌则用摆扣步等，其特点都是局限于本拳种的需要或某个典型动作。练习者可以通过长时间磨炼和反复实践而把它运用得得心应手。然而，分析某个姿势是否合理，则需要从实战的需要出发，用科学的方法加以研究。不管选用什么样的实战姿势，它都应具有以下三个优点。

（一）便于运用进攻方法

实战时，运动员必须准确地把握进攻的时机，而时机是靠运动员应急的敏感性来获得的。特别是防守反击时，对方时而用拳，时而用腿；时而打上，时而击下，而且距离不断变化，这对实战姿势时两手所放的位置和两脚所站的距离至关重要。因此，实战姿势应便于灵活地变换和运用各种进攻方法，并使之发动快速、迅捷。

（二）便于防守

武术散打的防守方法有时是闪躲防守，如后闪、侧闪、下躲闪等；有时是用四肢防守，如左右拍击、格挡、阻截等。选用的实战姿势是否有利于防守，应着重体现在两个方面：一是身体的投影面要小，即暴露给对手所击打的身体部位要少；二是防守面大。因此，实战姿势要求身体稍侧向站立，两臂一上一下，紧护头部和躯干，使胸、腹、裆等得分或要害部位都处于有效的保护之内。另外，还要求竖项梗脖，下颌微收，闭嘴合齿，以缩小咽喉的暴露面。

（三）便于步法移动

武术散打实战时，运动员需要根据攻防动作的特点和要求，在不同的时机、距离、条件下不断而迅速地转换步法和姿势。实战姿势应便于步法的移动，身体重心在两腿之间，不论做前后、左右的移动，都是等长距离，无须明显地倒换重心。另外，两腿微屈，使身体总是处于一种"弹性"的激发状态，以增加步法移动的灵活性。

二、步法的技术特征及要求

武术散打比赛中常用的步法有进步、退步、上步、撤步、横步、闪步、垫步、插步、盖步、换步、跳步等。步法的快慢，移动距离的大小，直接影响着攻防的效果。武术散打对步法的技术要求有以下四点。

（一）活

活，是指步法移动、变换要灵活敏捷。运动时轻松自如，虚实变换，让对手抓不住身体的重心所在，让对手判断困难。比赛时判断对手的重心所在，是使用方法的依据。比如对手用右摆拳进攻，身体重心必须落在前脚，如果在防守反击时以右勾踢腿踢其前脚，效果最佳。武术散打的步法要活，首先下肢力量是基础，膝关节、踝关节的弹性要好；其次在站立时两脚相距不宜太宽，两膝弯曲不能过大，身体重心尽可能不向一边倒。实战对抗中应该保持身体的"动态型"，尽量避免"静止型"。

（二）疾

疾，是指步法移动速度要快。比赛双方交手前都处在相持和窥视状态之中，互相保持着一定的距离，任何一方发动进攻，必须以快速的步法接近对方，在有效距离内施以技法，进攻才能生效。同样，防守一方也必须具备有快速的后退和躲闪能力，防守或反击方能成功。

（三）稳

稳，是指步法移动要稳。比赛中掌握了对方的身体重心及移动的规律，破其稳定，才可以巧取胜。例如，有的运动员拳法进攻时只注重力度而使身体重心过分前移，过多地超出了支撑面，若对手顺势一带就会失去平衡。还有的运动员使用腿法进攻时，一味追求腿的击打高度，造成支撑腿站立不稳，如对手掀、托其腿部便会倒地，这些都是步法不稳的结果。

（四）准

准，是指步法移动要准。比赛中准确地移动步法，能为进攻、防守和防守反击赢得时间。进攻时的步幅太小，距离短，就不能产生最佳的击打效果。防守时步法移动的距离不够，就有可能被击中；而移动的距离过远，又不利于反击，而错失良机。把握步法移动的准确性，主要取决于运动员的时间、空间感觉能力，而这种能力的获得，有赖于长期的实践和不断的摸索。

三、踢打法的技术特征及要求

武术散打中的进攻技术分为踢、打、摔三大类。所谓踢打法，即为腿法和拳法。按动作的结构归类，踢打法可分为直线型、横线型、上下型和旋转型四种。直线型包括直拳、蹬腿、踹腿等；横线型包括摆拳、鞭腿、勾踢腿等；上下型包括勾拳、劈拳等；旋转型包括转身鞭拳、转身摆腿等。任何一种进攻方法都存在着动作的起止点、受力点和运行路线三方面的规格要求，改变哪一个方面，都会导致方法的改变或是错误的产生。因此，要严格动作规格要求，规范掌握技法。

（一）速度快

踢打技术如能发挥出“快”的特点，就会收到使对手防不胜防的效果。影响动作的快慢，原因是多方面的。

1.肌肉力量是基础

进攻动作的完成最终是靠肌肉的收缩而产生力量，没有力量作为物质基础，想做到快速进攻是不可能的。

2.掌握用力技巧是关键

力量和速度，在没有掌握用力的技巧以前是很难成正比例发展的。任何武术流派的用力方法都要求刚柔结合，刚、柔是用力方法中相辅相成、互相依存的两个方面。刚柔相济、先柔后刚、刚后必柔这种周期性的“放松—收缩—放松”就是武术散打用力的技巧所在。只有肌肉处在完全放松的状态下，才能产生第二次的最大收缩力量。

3.避免动作的“预摆”是根本

每一个踢打方法的运行路线和动作的起止点都是有严格要求的，有的运动员为了加大攻击的力量而把动作的幅度做得很大，或带有“预兆”，如先收后放、先引后打等等，无意中增加了动作的运行时间，提前暴露了进攻意图，结果达不到快速出击的效果。

（二）力量重

力量重是指踢、打动作的力度要求。武术散打比赛，运动员处在你追我退或你攻我防的激烈拼搏中，所用方法必须有一定的力度才能获得“清晰有效”而得分的效果，同时也才能给对方造成一种威胁。例如，甲使用左直拳进攻乙，乙欲进身以摔法反击，若甲拳击打力量很大，乙便会担心被重击而受挫，进身也就不那么果断。反之，力度很小，乙心里不畏惧，进身抱摔时也就毫无顾虑了。再如，甲追乙退，乙欲以左侧踹腿阻截，若力度小，则不但不能挡住甲的冲击，反而会因踹腿的攻击力而反作用于自己，造成自己倒地。如何加大攻击方法的力度呢?运动员除了必须具备较好的力量素质外，还要提高全身发力的协调性，在现有素质的条件下发挥出更大的能量。任何一个动作的发力，都是通过腰的作用点而贯至四肢的，没有高度的协调性，就很难使动作发力完整。例如右直拳或右摆拳，先是通过后脚的蹬地和前脚的制动，然后使力传至腰，又通过腰传至肩、臂，最后到达手。一个动作只靠局部力量是有限的，必须全身协调一致，同时配合呼气、闭气蓄劲，以气催力，达到意、气、力三者合一，使力量更加完整。

（三）力点准

进攻技术的力点，是构成技术方法的重要特征，必须准确无误。力点不准，不但是方法错误，而且极易造成损伤。如鞭腿要求绷脚面，力点在脚背弓处或小腿胫骨下端，若把力点放在脚背的趾端，则大大地减轻了动作的力度，甚至还会踢伤脚趾。造成力点不准的原因，一是动作外形上的错误，如该绷脚的却放松，该勾脚的却绷脚，该旋转的没有旋转；二是腕、踝等关节部位在用力的一瞬间紧张不够，梢节松弛；三是动作运行路线的错误，如鞭腿做成斜上撩踢，力点落在了脚弓内侧；四是距离判断错误，如勾踢腿时离对手较远，着力点落在了脚趾上。因此，平时的训练必须要一丝不苟地抓好动作规格，多打固定靶和移动靶，体会动作的准确性，形成正确的动力定型，才能提高技法在实战中运用的能力。

（四）预兆小

所谓预兆，是指做动作前预先暴露了进攻意图。动作有预兆，这是武术散打运动员普遍容易出现的错误。在实力相当的比赛中，若攻击动作出现预兆，被对手发现，进攻不但不能实现，反而会给对手创造反击的机会，导致比赛失败。动作预兆有多种表现形式，如有的习惯眨眼、皱眉、咧嘴，有的身体先往下松再击打，有的手、脚明显先后引再出击，有的打拳先动步，有的起腿前先明显地倒换重心、上体后仰等。克服动作预兆，首先要求练习者在思想上高度重视，每学一种技术方法都要严格动作规格要求；其次是练习的初级阶段必须在教师或同伴的指导与监督下进行，使动作准确、规范，直至形成正确的动力定型。

（五）方法巧

武术散打比赛靠力量取胜固然重要，但以巧取胜则艺高一筹。方法的巧妙，必须与攻击对手的时机、掌握对手的重心、控制动作的力度以及采用灵活多变的战术等有机地结合起来，才能收到最佳的效果。例如，甲以垫步左侧踹腿进攻乙，乙若趁甲垫步重心向上时，迅速用左蹬腿阻击其腹部以下部位，甲则必因受击而后倒。再如，甲以左摆拳击打乙头部右侧，乙左闪身以左直拳直线反击甲的头部，很有可能将其击倒，或者在甲重心落在左脚的瞬间使用右勾踢腿反击，也能产生较好的效果。

四、摔法的技术特征及要求

武术散打中的摔法分搂抱摔和接招摔两种，搂抱摔包括夹颈、抱腰、抱腿等各种贴身摔法，接招摔是指接住对方进攻的各种拳法和腿法之后再运用夹臂和抱腿等反击的摔法。武术散打中的摔法很多，不同的方法有不同的技术要领。但由于受武术散打竞赛规则和护具的限制，武术散打中的摔法应该朝着快和巧的方向发展。

（一）借势

借势，是指在运用各种摔法时，借助对手重心不稳或将要失去平衡的姿势，稍加力量将其摔倒。如甲连续使用拳法追击，乙在步步退守的情况下突然下蹲后倒，使用“兔子蹬鹰”方法将甲摔下擂台。此招就是借助了对手连续打拳而身体前冲，重心前倾的不利姿势，反击的方法既省力，效果又好。再如，甲以右鞭腿攻击，乙在抄抱其腿的刹那间，快速上步重拳将其击倒，或者在接腿的瞬间用摇涮的方法将其摔倒，这两招也是借助了对手鞭腿攻击时身体向斜后侧倾的姿势。借势，关键是掌握好时机。一般来说，在动作发力的瞬间一旦击空，身体就会处于失衡状态，如果能在此时顺其失衡的同侧方位稍加外力，就容易使其倒地，效果极佳。另外，在对手动作发力的同时，如果顺其发力的方向稍加外力使用摔法，也会收到事半功倍的效果。

(二)掀底

掀底,是指运用摔法时,为破坏对方的支撑而采用掀、拉、摇、托等方法,将对方摔倒。例如,甲被乙抱住右腿后,乙向上或向左右掀托其右腿,则甲必然会因左腿失去支撑能力而被摔倒。值得注意的是,对于下肢柔韧性较差的运动员,使用掀底效果较好,而对柔韧性较好的运动员来说,必须要掀至对方摔倒为止,不见效果不脱手。

(三)别根

别根,是指通过自己身体的某一部位别绊对方支撑重心的根部(脚踝处),达到摔倒对方的目的。如武术散打比赛中常用的接腿别腿、抱腿搂腿、折腰搂腿、接腿勾踢、接腿挂腿等摔法,正是运用了别根的技术动作要领,使摔法更加省力和巧妙。

(四)靠身

靠身,是指通过身体向前挤靠的办法将对方摔倒。如接腿搂腿摔法,除了运用接腿和搂腿的技法外,必须配合身体向前挤靠对方,摔法效果才会更好。

武术散打中的摔法,除少数一些远距离摔法(如接腿摇涮)外,绝大多数是主动进身抱摔和接腿、接拳的摔法。在每一种摔法中,尽管有其独特的关键性技术,如接腿勾踢摔主要是勾腿(即别根)、接腿上托摔主要是掀底、抱腿前顶摔主要是靠身等,但是如果把借势、掀底、别根、靠身四种技巧结合运用,再突出武术散打摔法中的"快"的特点,那么肯定效果更好。

五、跌法的技术特征及要求

跌法,是指双方在使用摔法的过程中,为了保护自己而采用的各种合理的倒地动作。武术散打中的跌法较多,但从倒地不同方位划分,有向前、后直倒或滚翻的,有左右侧摔或斜前、斜后跌扑的,有腾空和不腾空的翻摔等。

(一)缓冲

任何一种跌法,都要求尽量在躯干触地之前,以双手或双脚先着地,再通过有关关节的化解、分力,缓冲给地面作用力,达到减轻对内脏器官的震动从而保护自己的目的。如前倒时,必须先以两手或两前臂着地,左右侧倒、后倒等也是如此。

(二)低头(勾头)

颈椎和后脑是支配人的一切活动的神经中枢。当身体突然倒地而发生震动时,由于颈部肌肉力量薄弱,颈椎往往极易受伤。特别是当身体后倒时,可能会因为后脑先着地而导致脑震荡。因此,跌法中的低头,是避免或减少颈椎和后脑受伤的关键性技术。

(三)团身

在倒地的瞬间,尤其是向前后倒地瞬间,通过团身(结合闭气),一则能缓解对内脏器官的震动,二则能迅速地逃离对手,达到保护自己的目的。

(四)闭气

在倒地的瞬间突然闭气,能够反射性地引起胸、腹肌肉紧缩,从而增大腔内的压力,增强躯体接触地面的弹性,就像一个打足了气的球,摔在地上会反弹起来,能够缓解地面对内脏的反作用力。

(五)臂内旋

在倒的瞬间,同侧臂内旋,使虎口朝内,在极大冲力的情况下,肘关节及肩关节顺势依次滚动弯曲着地,达到自我保护的目的。通过临场观察和统计,在武术散打比赛中,由于倒地方法不当出现肩、肘关节损伤的情况不少,必须要引起运动员的足够重视。

(六)接触面要大

接触面要大是指尽量增大身体倒地时接触地面的表面积，以减轻对身体局部的震动。比如,在倒地的瞬间,要求手掌辅助拍地,以增大接触面积,缓冲对身体的震荡。

六、防守方法的技术特征及要求

准确、巧妙地防守,一则能保护自己,二则可为更好地进攻创造条件。防守是积极主动的,其目的是更好地进攻。

防守技术大体分为两类:一类是接触性防守,即通过肢体的拦截达到防守目的,如左右拍挡、挂挡、抄抱等;另一类是非接触性防守(闪躲),即通过身体姿势的变化或是位置的移动达到防守的目的,如下躲闪、左右侧闪、后闪等。在武术散打比赛中,要根据不同的情况和目的,运用不同的防守技术,或者根据个人的擅长，侧重掌握不同的防守方法。防守技术总的要求是对对手的进攻时间、攻击方法、运行路线和击打部位都要判断准确，反应敏捷，达到自动化程度。但两类不同的防守方法，其技术要求是有区别的。

（一）接触性防守的技术特征及要求

1.防守面要大

防守面要大是指在比赛中要立足于防一片，不要防一点，尽量提高防守的成功率。例如，以左手拍挡对方的直拳时，上臂和前臂的夹角要小，前臂近似垂直，使从头到腹部都处在保护范围之内，对手的直拳攻击高一点或低一点都能防守到。若把肘尖向外一翻，前臂呈水平，防守面就小多了，而且容易防守落空。再如以右格挡防守对手的左摆拳为例，肘尖应尽量下垂，躯干右侧也相应侧屈，使头至右肋部均能得到保护。

2.动作幅度要小

动作幅度要小在防守中是不容易做到的，特别是缺乏实战经验的运动员，由于紧张与恐惧心理的影响，加之正确动作未定型，一遇对手(尤其是强手)的进攻，就会手足无措，只想迎挡对手，以致动作幅度过大，结果影响了防守的准确性。防守动作幅度要小，但应以防守的效果和是否有利于反击为准，不能只图幅度小而失去了防守和反击的作用。

3.还原转换要快

还原转换要快是指防守后回原位或转换进攻时间或连续变换几种防守的间隔要短。如左手拍挡以后，转左直拳反击，或防左转防右、防上变防下等的转换，还原要快。动作间的转换快慢，与动作幅度、结构有关。幅度大转换慢，结构不合理也会影响转换的速度。合理的攻防动作结构应该是：打上防下、打下防上，击左护右、击右护左。既便于攻防的转换，也能给对手造成一种攻之有法、防之严密的畏惧感。

（二）非接触性防守的技术特征及要求

1.时机恰当

时机恰当是指防守的时间与对手进攻的时间恰到好处，不早不晚。如果闪躲过早，对手则会转移进攻方向或变换招法；闪躲晚了则有被击中的可能。因此，要求练习者必须具备较好的反应能力和时机把控能力。

2.位移准确

位移准确指闪躲对方的进攻时，身体姿势的改变或距离的移动要有高度的准确性。如果移动距离短了，就可能被对手击中；距离长了或幅度过大了，势必会给反击增加难度，甚至贻误战机。因此，要求练习者必须具备较好的判断能力和精准的距离移动能力。

3.整体协调

整体协调是对身体协调性的要求，是指不论是前避后撤，还是左右闪躲，都必须注意身体的整体性、一致性。如向下躲闪对方的直拳或摆拳攻击，应由踝关节开始，膝、腰、头颈等关节都要同时弯曲收缩，这样既缩小了身体的暴露面积，又利于实施摔法反击。即便是仅头部向后或向侧闪躲防守，也要求做到上体含缩、双腿屈曲站立并调整好身体重心，以利于发起快速反击。

问题与思考：

1.武术散打基本技术有哪些？

2.武术散打的接触性防守技术包括哪些方面？

3.简述武术散打踢打的技术特征及要求。

4.简述直线型腿法技术在比赛中运用的方法及要点。

第三章 武术散打战术

本章教学目标

1.掌握武术散打战术的概念。

2.明确武术散打战术设计的基本原则。

3.学会武术散打的主要战术形式。

第一节 武术散打的战术概论

武术散打运动员在比赛中互相格斗的行为，一种是“应激行为”，另一种是“战术行为”。“应激行为”是针对对方运动员的姿势状态和发出攻击性动作的情况，依靠动作条件反射能力采取的相应措施。运动员的“战术行为”是在“应激行为”的基础之上，充分发挥智能的作用，扩大了运动员竞技能力发挥的空间，运动员“战术行为”的好坏，主要依赖于运动员智能水平的高低。

武术散打的战术，是根据比赛双方的各种具体情况，为充分发挥自己的特长战胜对手而采取的计策和方法。武术散打战术涉及谋略和行动两个方面的内容，谋略属于智能，行动属于技能。战术的主体是谋略，是运动员思维形式的一种体现，属于运动员智能思维力的范畴。自古以来，兵家均以谋为本，明代刘伯温《百战奇略》中说：“用兵之道，以计为首。”“不计而进，不谋而战，必为敌败。”我国古代兵书、兵法中不朽的战术思想，已经成为竞技体育对抗性运动项目战术训练构架中的重要组成部分。

武术散打运动训练的内容可以分为智能、技能、体能、心能(心理能力)训练四个部分,每个部分都有不同的功能:运动员的智能是指挥系统,技能是表现系统,体能是物质系统,心能是调节系统。四者的侧重点不同,所需要完成的任务也不同,从整体上看都是为了战胜对手这样一个共同的目标而协同起作用,就像一台机器上不同的构件一样,具有不可分割的联系。战术属于智能的范畴,散打战术的形成与运用是建立在技能、体能、心能基础之上的,技能是战术的载体,战术思想、战术方案最终通过技能表现出来。

武术散打战术的功能就在于运动员把已经获得的技能、体能、心能训练成果,在比赛中最优化地综合运用,其核心就是"制人而不制于人",在比赛场上形成对自己有利的态势,牢牢掌握主动权。为了争取主动,对自己要扬长避短,对对方要抑长制短。在比赛中,正确地使用战术,可以抑制对方技术水平的发挥,减少自己的无效行动和体力消耗,对夺取比赛的胜利起到重要的作用。

第二节　武术散打的战术原则

一、按技法功能的原理设计战术

武术散打技法繁多,不同的技术动作各具功用。武术散打的战术是通过运用一定的动作来实现的,不同动作的组成方案,表达了不同的战术意图。因此,按武术散打技法的功能原理设计战术方案,就是为了充分发挥技法的作用,以期能合理地、有效地充分发挥动作本身的最大效应,它能使我们从武术散打动作整体性、有序性、相关性、动态性的系统观点中,正确地制订战术。不能孤立地、片面地只考虑某一个战术环节和某一个战术动作,设计单一的战术方案。

武术散打的技法动作主要由拳法、腿法、摔法组成,大部分动作既能进攻也能防守。要充分发挥其功能,必须认识到动作之间上下、长短、进退、远近、攻防的相互矛盾、相互制约、相互转化的规律,按照不同动作的不同作用,制订不同的战术方案。

二、按攻防兼顾的原理设计战术

按攻防兼顾的原理设计战术，是充分利用进攻和反击存在互相转化的辩证关系，牢牢掌握比赛的主动权。武术散打的进攻、防守和反击是运动员使用技法的基本表现形式。比赛中，运动员既要讲究进攻又要注意防守，做到攻防兼顾，在瞬息万变的激烈对抗中，保持攻防的合理节奏。

攻防兼顾不是绝对的或一成不变的，比赛中要根据具体情况灵活应用。一般来讲，面对强手应加强防守，防中有攻，以防守反击为主；对弱手则应积极进攻，攻中有防，以主动进攻为主；水平相当时，要攻防兼顾，做到有序进攻，稳妥防守，抓住战机，猛烈进攻。

三、按控制与反控制的原理设计战术

武术散打比赛的过程，实质上是一个控制与反控制的过程，谁能控制对方，不让对方发挥出应有的技术水平，谁就掌握了比赛的主动权，达到“制人而不制于人”的目的。例如，甲擅长鞭腿，乙如果不能控制其特长，甲的鞭腿就会越踢越有信心，尽情发挥。如果换了丙与甲相对，丙了解甲的特点，只要甲使用鞭腿，丙便防守破之，成功几次后，甲在心理上就会慌乱，不但鞭腿这一技术专长发挥不出来，而且导致其他的技术也难以正常地发挥和运用。在制订战术时，就是要根据控制与反控制的原理，全面了解对方的情况，避实就虚，先克其长，掌握主动权。

四、按灵活多变的原理设计战术

按灵活多变的原理设计战术，是指战术方案的制订和战术方案的实施要有多种、多套方案，根据场上情况的瞬息万变要有各种巧妙的应对准备。武术散打的任何战术都不是万能的，比赛中若采用固定不变的战术，一旦被对方发现，往往会使自己陷入被动的困境。因此，设计战术时，应多考虑几种战术形式及其互相之间的衔接关系，要最大限度地体现不同的进攻方向和进攻点，既要灵活多变，又要有针对性和实效性。总之，要充分利用武术散打竞赛规则为运动员使用技法和战术提供最大的活动空间，充分利用战术与战术之间相生相克的作用关系，尽量体现武术散打运动灵打巧取的技术特点和战术风格。

五、按知己知彼的原理设计战术

知己知彼是合理地制订战术的前提条件。《孙子·谋攻》篇中的"知彼知己，百战不殆"。是我国古代军事家确定作战方案的先决条件。武术散打比赛和军事打仗一样，要战胜对方，在赛前认识自己的同时，还要正确了解对方。否则，制订的战术方案和实施的战术行动就是无的放矢。设计战术之前应了解对方的情况，主要包括以下几个方面的内容。

（一）了解对方的技能状况

运动员的技能状况，可以从基本技术和运用技术两个方面的情况来进行分析。对方是擅长于用拳、用腿，还是用摔；他的攻击实力怎么样，主要得分手段是什么；对方存在什么样的技术弱点，是防拳能力差、防腿能力差，还是防摔能力差等。

运动员有的属于力量型，进攻时主要依靠强大的力量，重创、抱摔威慑削弱对方，以力取胜；有的属于技术型，主要依靠良好的技术发挥，打点得分、接腿快摔，以巧取胜。对付前者，需要制订以快制力、以巧制力的战术；对付后者，则需要封堵路线、改变距离等，制订连续进攻的战术。

（二）了解对方的攻防类型

运动员的攻防类型有三种：一种是以主动进攻为主的进攻型，一种是以防守反击为主的防守型，还有一种是能主动进攻也能防守反击的灵活型。在制订战术前，要了解对方属于哪一种攻防类型。一般来说，技术水平高的运动员以主动进攻为主，一般的运动员以防守反击为主，技术水平低的运动员会盲目地乱打乱拼。

（三）了解对方的体能状况

运动员的体能存在着差异，有的力量大，有的反应快，有的耐力好，有的速度快，有的则协调性好，对于不同体能状况的对手要采用不同的战术。例如，对方耐力差的，就要采用消耗其体力的战术，连续不断地主动进攻、逼着打，不给对方喘息的机会，使其体力迅速下降而战胜之。针对运动员的体能状况制订战术，要考虑比赛中如何分配体力，如何把控比赛的节奏等问题。

（四）了解对方的心能状况

心能是指运动员比赛时的心理承受能力，主要表现在意志力和情感力两个方面。有的运动员意志力差，比赛达到一定的艰苦程度或者受到重击时，顽强拼搏的精神就会被瓦解，面对这样的运动员就尽量采用体力战术和重创战术消磨其意志力；有的运动员情感力薄弱，是平时训练时能较好地运用技术，比赛中一旦焦虑急躁就会乱了章法而胡打乱拼，面对这样的运动员就采用多点战术袭扰之，使其产生急躁情绪，不能正常地发挥技术从而失败。在制订战术时，要全面了解对方的心理状况，有针对性地确立合理的战术方案。

第三节　武术散打的战术形式

武术散打的战术形式是运动员战术意图、战术方案的具体体现，是战术行为的具体内容。在运用的过程中，战术形式之间的关系有的是相辅相成的，有的是相生相克的。相辅相成的战术关系是指不同的战术形式是相互依赖的，如体力战术和强攻战术：体力战术是目的，强攻战术是实现体力战术的手段。相生相克的战术关系是指战术形式之间互相制约，如制长战术和制短战术：甲使用制长战术限制乙的技术特长，乙则用制短战术专攻甲的短处。

一、进攻战术

进攻战术，是指运动员根据对方的技能状况、体能状况等实际情况，使用针对性的进攻方法攻击对手。进攻战术有佯攻、直攻、强攻三种形式。

（一）佯攻

佯攻，是采用虚假动作造成对方的错觉，把对方引入歧途后实现真实进攻的一种进攻战术。随着运动员技术水平的普遍提高，特别是在对对方的打法不了解的情况下，或者是在对付动作反应快、反击能力强的对手时，采用虚晃、指上打下、指左打右等假动作，转移、分散对方的注意力，诱导其对虚假动作产生某种动作反应，再乘机攻击其防守的空当部位，从而提高进攻效果。

（二）直攻

直攻，是指在没有虚晃及假动作的掩护下，直接使用技法进攻对方。运用直攻必须有适宜的条件，如对方的反应速度、动作速度、位移速度没有自己快，对方的反击能力弱，对方的体力不支，对方的防守姿势出现空隙，比分落后而比赛剩余时间不多等，在这些情况下，可以进行直攻，直攻时要当机立断，不可磨磨蹭蹭、犹豫不决，贻误战机。

（三）强攻

强攻，是指强行突破对方的防守动作，连续不断地进攻对方。强攻并不是胡打乱拼、盲目蛮干，而是通过强攻这一战术手段扬己之长，实现打击对方的目的。一般出现以下情况时才能够使用：当自己的力量、速度、耐力素质比较好，而技术及比赛经验不如对方时可以采用强攻以打乱对方的阵脚，逼迫对方和自己硬拼，从而发挥自己的优势；当对方的近战能力、心理素质、摔法能力比较差时，也可以进行强攻，削弱对方的心理防线，通过近战使用摔法，获得更多得分取胜的机会。

二、多点战术

多点战术，是指进攻点和进攻方法立体交叉不断变换，全方位地攻击对方的多个部位。在武术散打比赛中，如果运动员采取单一的技法进攻对方的某一部位，对方不但容易防范而且能随机实施反击。应采用上、中、下，正面、侧面，拳法、腿法、摔法的多点战术，不断地变化，以最大限度地调动和分散对方的防守注意力，从而增加击中对方的成功率。实施多点战术要求运动员头脑灵活、技术全面、动作敏捷，并且有较好的动作转换的协调能力。

三、重创战术

重创战术，是指采用最大的力量打击对方，使其身体失去战斗力而取得优势胜利。实施重创战术需要具有一定的身体素质、技术和其他条件，当自己的攻击力量和技术比对方好，但耐力素质差，或者攻击力量好而技术不如对方，或者在比分落后的情况下，或者由于其他因素不能打持久战时，在竞赛规则允许的范围内，寻找、制造机会，用重拳或重腿打击对方，使其生理、心理受到震动和威慑，失去继续比赛的信心和能力。实施重创战术，一是自己的拳法、腿法必须要有很大的攻击威力；二是要准确、果断、迅速、有力地打击到对方抗击能力差的部位，但不能故意伤人。

四、制长战术

制长战术，是指采用针对性的方法，克制住对方的技术特长不让其发挥作用。每一名运动员都有自己的技术特长，有的善于用拳法，有的善于用腿法，有的善于用摔法，有的善于用重拳、重腿，有的善于主动进攻，有的善于防守反击，有的比较全面能攻能守，有的耐力好，有的心理素质好，等等。运动员的技术特长是得分取胜的主要手段。如果能针对对方的特长制订战术，使其特长不能正常发挥，从而被迫采用其他的技术，这就能起到制彼所长的作用。

五、制短战术

制短战术，是指采用针对性的方法，专门进攻对方的薄弱环节。每一个运动员既有自己的长处，也有自己的短处。例如，有的防拳法能力差，有的防腿法能力差，有的防摔法能力差，有的防上能力差，有的防下能力差，有的某种身体素质差，有的基本技术差，有的有错误的习惯动作，等等。采用制短战术制其所短，关键在于是否能够准确地了解、掌握对方的短处。这可以通过赛前观看对方已往比赛的视频，或者观察对方同其他运动员的现场比赛，然后综合各种情况进行分析判断。除了赛前“侦察”以外，更重要的是在比赛中进行观察，通过几个回合的试探性进攻，对对方的弱点迅速做出判断，及时调整自己的战术手段。

六、下台战术

下台战术，是利用竞赛规则的规定和擂台等客观条件，采用方法迫使对方掉下擂台，或是利用对方退到擂台边缘怕掉下擂台的不利心理状况而进行攻击的战术。下台战术可以分为逼打下台、牵引下台和逼打得分三种不同的手段。

（一）逼打下台

是指当对方退到擂台边缘时，用技法封堵住对方的两侧，不让对方转移，直接用直线型拳法或腿法将对方打下台。

（二）牵引下台

是指当自己退到擂台边缘时，借用对方动作的冲力和自己的牵引力引进落空，致使对方掉下擂台。

（三）逼打得分

比赛中，有目的地将对方逼到擂台的边线或角上，利用对方害怕掉下擂台而出现的心理恐惧和动作紊乱的情况，在防止被对方牵引下台的前提下，力争用适宜的技法多进攻多得分。

七、体力战术

体力战术，是指通过合理地分配体力以取得胜利的计策和方法。在一场三局的比赛中，运动员体力消耗较大，如何合理地分配体力，要根据对方的情况来定。如果对方的技术水平差，可以减少体力的消耗以技术取胜；如果对方技术好，可以采取消耗对方体力的打法取胜；如果双方实力相当，还应有打持久战的准备，控制比赛节奏；如果对方的耐力较差，则应打体力消耗战，保持快速攻击、连续进攻的快节奏，不给对方喘息的机会，迫使其耗尽体力而疲于应付，以此来取得比赛的胜利。

八、心理战术

心理战术，是指通过一些特定的方式和措施，给对方造成心理上的压力，从而取得比赛胜利的计策和方法。心理战术的手段多种多样，如赛前故意隐瞒实力，麻痹对方；故意显示实力，给对方施加心理上的负担；赛中故意露出破绽，造成对方的错觉以至于上当受骗；激怒对方或松懈对方的斗志等。比赛中的重创战术、进攻战术、制长战术、制短战术、下台战术等，都具有影响对方心理的作用。其目的就是迫使对方紧张、急躁、恐惧、气馁，从而失去了比赛的信心，导致比赛失败。

问题与思考：

1.什么是武术散打的战术？主要战术形式有哪些？

2.武术散打战术制订的基本原则有哪些？

3.武术散打比赛中，实施重创战术需要哪些条件？

4.简述武术散打相辅相成、相生相克的战术关系。

第四章　武术散打教学

本章教学目标

1.明确武术散打的教学原则。
2.掌握武术散打教学的方法、步骤。
3.掌握武术散打的练习形式与方法。
4.学会武术散打教学文件制订的方法。
5.学会在教学中进行“武德教育”的方法。

武术散打教学是学生在教师有目的、有计划的指导下，积极主动地学习与掌握武术散打运动的基础理论知识和基本技术、战术，提高运动和比赛能力，提高身体素质、增强体质、培养武德的一种有组织的教育过程。因为武术散打是一项激烈、错综复杂的身体对抗性运动，它的教学既要贯彻执行教育学理论所倡导的各项教学原则，遵循动作学习的一般规律，即教学过程可分为“粗略掌握、改进提高、熟练巩固”三个阶段，又有其自身鲜明的特点，既要指导学生全面系统地学习掌握武术散打的基本技法，建立正确的技术动力定型，又要针对技法之间相生相克的对应关系，建立相应的主要靠人体第二信号系统所支配的操作技术动作的条件反射能力和动作的随机调节能力，提高在格斗实战对抗中无序变化的动态条件下运用技、战术的准确性和实效性，以求击中、击倒或将对手打下擂台而获胜。

武术散打技、战术的教学要加强安全教育，严格课堂纪律，在安全、稳妥的前提下分层、分类进行。在练习时使学生明确练习的目的、任务、方法和要求，特别是在进行配对攻防练习时，要指导学生把控好攻击动作的力、速度，由慢至快、由轻至重，相互帮助，循序渐进，预防和杜绝伤害事故的发生。

第一节　武术散打的教学原则

教学原则是进行有效教学必须遵循的基本要求。是根据对教育的目的、教学过程及学生身心发展规律的认识，从人们的教学实践中总结出来的。它是教学工作的基本要求，是教师在教学活动中处理思想性与科学性、理论与实践、知识与能力、主动与被动等各种关系的准则。它既指导教师的教，也指导学生的学，应贯彻于教学过程的各个方面和始终。在武术散打教学工作中能否正确地运用教学原则与教学效果有直接的关系。武术散打运动的教学原则是按照体育知识与运动技能教学的规律，遵循武术散打运动的发展规律，在总结教学经验的基础上提出的对武术散打运动教学的基本要求。教学原则对教学目标的确定，教学内容、教学方法、教学组织形式的选择与运用，师生关系的处理、教学质量的评定都有重要的指导意义。武术散打教师必须紧密结合项目技法繁多、身体对抗性强的特点，深入理解教学工作中的各种辩证关系，把教与学、主观与客观恰当地融为一体，调动一切积极因素，切实提高课程教学质量。

一、贯穿武德教育，全面发展原则

武德是从事武术活动的人在社会活动中所应具有的道德品质和行为准则。“拳以德立”“未曾学艺先学礼，未曾习武先习德”，武术散打教学与训练不仅是增进学生健康和培养格斗技能的过程，还是陶冶情操和培养高尚道德品质的有效手段。教师首先应严格要求自己的言行，注重对自身的修炼，要有高尚的武德和精湛的业务能力，在教学中要倡导“以礼始、以礼终”的尚武精神，善于了解学生的心理活动，并有针对性地进行武德教育，才能不断培养学生良好的道德品质，引导学生形成正确的价值观和世界观。贯彻武德教育应紧密结合当前社会主义精神文明建设，寓武德教育于社会规范中。通过练武习德不断培养学生“尊师重教、讲礼守信、见义勇为”等高尚的道德情操。武术散打是一项激烈的身体搏斗运动，技法内容繁多，对抗错综复杂，极易出现和发生伤害事故。所以，武术散打教学与训练，从始至终都要在安全、稳妥的前提下进行。

在指导学生进行武术散打技术练习或攻防实用技术的教学时，务必严格课堂管理，要求学生遵守纪律，听从指挥，不断强调、提示学生要认真练习，集中精神。特别是进行攻防对抗练习时，不能有丝毫疏忽懈怠，时刻注意互相保护与帮助。

武术散打教学的全面发展原则，是指在教学过程中教师要面向全体学生实施全面发展教育，把向学生传授武术散打知识与培养品德和发展能力、心理发展和身体发展、共同要求和因材施教有机地结合起来，全面实现现代教育目的。主要包括知识技能教育、智能发展和思想素质教育等三个方面的内容。武术散打普修课教学中，我们应从大学生的心理特点和实际需要出发，精心设计教学目标和教学过程，采取不同的教学措施，合理安排理论部分、实践部分以及技能培养的教学内容和时数分配，达到“三基四会”要求。不仅指导学生“较力斗勇”，更讲究“斗智较技”，既要注意武术散打基本技术、战术和理论知识的教学，使学生掌握和提高武术散打知识技能，同时还要注意加强学生体能、思维能力、自觉练习能力的培养，以及组织竞赛的能力，使学生的知识技能与多种能力都得到提高，全面发展，以契合时代对大学生素质教育的要求。

二、直观和思维相结合原则

在武术散打普修课教学过程中，教师要善于运用各种直观手段和方法，调动学生多种感官去感知武术散打技术、战术和技能，使其获得直接经验与感性认识；同时要启发学生积极思维，勤于思考、想练结合，建立起完整、正确的运动概念，为知识技能的掌握奠定良好的基础。在武术散打的教学中，学生除了通过教师的讲解示范以视觉、听觉来感知动作的基本做法外，主要是通过思维和肌肉的本体感觉来感知动作的方法、要领，以及动作路线和肌肉用力顺序等。教师可根据教学目标、教学计划与课时内容、学生的实际情况等充分运用动作示范，以及图片、影像等多媒体教学手段的各种直观方法，充分调动学生的视觉、听觉、本能感觉等来感知技术动作。教师要引导学生有目的、有重点地看，以便获得全面而准确的感性认识；在此基础上，要进行适当的理论讲解与技、战术运用分析，从而使学生更深刻地获得理性认识，激发学生的积极思维。

武术散打教学中的直观教学法，有完整示范、分解示范，正面示范、侧面示范、背面示范，正误对比示范，边讲解边示范等不同的示范方法，教师在示范过程中还要注意示范的位置，应使每个学生都能看见、听到。示范要主次分明、重点突出，进行示范前应对学生明确提出观看的重点和次序。教师可依据技术动作的难易程度和学生的实际水平，进行动作的完整示范或分解示范。同时，积极运用讲解、口令、提示、分析对比、提问等语言进行启发式教学，教师还要善于设疑、激疑，激发起学生思维的积极性，在此基础上，要因势利导，促使学生思考逐渐深入，加深学生对技法内容的理解，从而使学生建立完整、正确的动作形象和概念，为掌握技术动作提供理性认识的条件。使讲、想、练充分结合起来，让学生做到不仅知其然，还要知其所以然。经过反复练习，逐步消除技术错误动作，使之趋于完善，达到技术的正确动力定型。

三、教师主导和学生主动性相结合原则

教学是教师和学生的双边活动，在这个对立统一的过程中教师起主导作用，学生是教学活动的主体。在教学中必须把教师的主导作用和学生的主动性结合起来，教师发挥主导作用，是指武术散打教学的方向、内容、方法和组织都要由教师来设计和完成，教师不仅要指导学生独立思考、自主学习，而且要言传身教。教师要有高度的责任心和业务水平，注意自己的言行仪表，热爱自己的工作。对学生严格要求、耐心指导、亲切爱护、一视同仁，建立良好的师生关系。在教学过程中，应随时了解武术散打的理论、技术、教学、训练等方面的发展趋势，努力提高教学质量。学生作为认识和发展的主体，应明确学习目的，调动其自身的学习积极性和主动性，激发求知欲，培养热爱武术散打运动的兴趣，树立为武术散打事业献身的精神，积极主动而不是消极被动地学习，灵活运用知识，使学习成为自觉行为。

为了确立学生的主体地位，教师要不断更新教学观念，要以正确的教学理念促进学生主体地位的体现，充分发挥学生的主动性和积极性。首先要转变教师角色，改变学生接受性学习的现实，打破武术散打单调、枯燥训练的实践模式，建立起主动的、探究性的自主学习模式，变被动、消极参与型的学习方式为主动参与型的学习方式。教学过程中教师要经常对学生进行思想教育和武德教育，使学生认识学习武术散打对增强体质和自卫防身等方面的意义，激发学生对武术散打的学习兴趣，帮助学生形成积极向上的学习动机。武术散打教学中的思想教育应着重围绕着培养勇猛顽强、刻苦训练的意志品质，养成自觉遵

守纪律、谦虚有礼的作风，培养团结互助的集体主义思想。教师应以表扬和鼓励为主，采用表扬与批评相结合的教育方法，使学生把所学知识和技能转化为自己的能力，对所学内容要真正理解和善于运用。在教学中学生的学习积极性主要表现为：遵守课堂纪律，学习刻苦，作风顽强，能完成规定的练习，并能主动配合教师完成教学任务。教学开始时，教师应向所授课班级学生宣布教学目的、计划、任务、要求、考核项目与标准等。每次课要使学生明确课的教学任务、内容及要求，使学生有目的地进行学习。要严密课的组织教法，合理安排练习的组数、次数、时间、运动量，调动学生学习的兴趣。对初学者应通过各种辅助性的基础练习逐渐消除学生攻防对抗的惧怕心理，使其树立良好的信心。在教学中要善于根据学生的情况提出合理的要求，使学生经过一定的努力能够完成，从而做到每一堂课都有新的体会和进步。另外，课上组织教法要多样化，可采用游戏和教学实战比赛的方法，尽量使教学气氛生动活泼。

四、循序渐进与系统性原则

循序渐进与系统性原则是指在教学内容的安排上要遵循系统性与连贯性的要求，目标略高于学生的现有水平，通过师生共同努力使学生达到目标，并且知识技能得到提高。根据人们认识事物的规律，运用技能形成与人体生理功能活动能力相适应的变化规律，要遵循由简到繁、由易到难、由浅入深，逐渐深化的原则。贯彻这一原则，要求教师要认真钻研大纲，制订切实可行的教学计划、安排教学进度与准备课时教案，保持教学的系统性和连续性。根据教学的难易程度和各项技战术的有机联系，科学地安排教学顺序。从教学计划到课堂的组织实施，要精心安排每节课的教学内容、练习方法和运动负荷，并注意动作与技术、技术与战术、理论与技术的有机联系。由于技术动作的难易程度不同以及学生接受能力的个体差异，不同的教学对象对同一技术动作难度的理解不同，即使是同一教学对象，随着教学过程的深入，对同一技术动作难度理解也不同，在贯彻循序渐进与系统性原则时，防止机械化、形式化教学，在教学过程中要随时观察和了解学生，掌握情况，及时调整不合适的教学内容和方法。

武术散打普修课教学时，要指导学生从单一招法的攻、防、反技术开始练习，再逐渐过渡到组合连招技术的攻防演练和条件实战，以至实战对抗；遵循从简到繁，循序渐进与系统性的教学原则。要注意课与课之间教学内容的衔接连贯，理论与技术、技术与战术的衔接连贯以及技术对身体素质的依赖关系等。在安排教学内容时不仅要考虑到教材本身的系统性，还要考虑学生的身体素质与运动能力及个人特点，对学习武术散打技能的影响。要将学生的运动技能基础与完成新学动作和技术战术所需要的条件进行认真比较，选择适合的教学内容和方法，使学生能跟得上制订的教学方法，可根据具体情况调整课的密度和强度，逐步增加练习难度，运动量的安排要逐渐加大，使学生一直保持有新的努力目标和方向，有克服困难后取得成功、达到目标的机会，以此激发学生探求知识的欲望。因此，在制订教学方法时要考虑学生的基础和个人特点，努力调动和提高学生的积极性，从而达到教学目的。使学生的知识和技能在反复练习中达到新的高度，使运动技术水平达到熟练和自动化程度，形成牢固的技术动力定型。

五、区别对待与因材施教原则

区别对待与因材施教原则是指在武术散打教学过程中要根据教学目标和学生的性别、运动基础、技术战术水平和体能水平等个体差异出发，有的放矢地进行有差别的教学，针对性地选择内容和组织教法、手段和安排运动负荷。首先，任课教师要通过多种途径与方法，全面了解、分析所教班级学生的基础、接受能力、智力水平、学习态度、思想作风等；其次要了解学生的个性特点、身体素质、专项基础水平、心理状态、兴趣爱好、擅长和不足之处等个人特点，尤其是进行女大学生的武术散打运动教学活动时，更应注意女性生理和心理的特点，以便从实际出发，一般要求与区别对待相结合，做到因人施教。既要照顾到一般学生的情况，又要考虑到个别学生的特点，有针对性地选择适宜的教学内容与方法，使每个学生都能得到最佳的学习效果。

教师在教学目标、教学内容安排上，要注意依据学生的不同情况，适当增加教学内容的选择性，指导建立适应个人的学习目标，以使学生各尽所能，各得其所。如采用分层教学，分类指导教学法。从各类学生的实际出发，确定不同层次的要求，在保证安全的前提下针对不同的对象采用相应的教学方法，以充分发挥学生的思维积极性和知识的潜能，激发学习兴趣，调动学练积极性，从而提高教学训练质量。根据教学任务、内容、条件等，使学生全体和个人都能得到最好的学习效果，扬长避短，获得最佳的成绩。再如采用双人配合的“喂招”练习，最大特点是可使学生在完全没有心理压力的情况下完成攻、反技术招法。因此，在教学的初级阶段或周期性的阶段任务中用于提高学生的技法熟练性，以及反应速度、动作速度，可分为接触身体和非接触身体两种形式进行。在配对练习中，指导学生一定要从对方的实际水平出发，无论是动作的速度、力度，还是动作变化的难易程度，都要以对方的最佳适应性为度，否则就难以收到最佳练习效果。对于基础好的学生可以适当提高要求，对于基础差的学生要热情帮助，鼓励他们努力提高。

六、从实战出发原则

武术散打比赛的对抗性特点，决定了在比赛中武术散打运动员是在对抗的情况下完成技术动作和各项任务的。因此，在教学训练过程中，每一个拳、腿、摔等基本动作都要求学生从实战的需要出发去学练，强调动作的规范性，严格动作的运行路线、方法、要领和用力顺序、发力技巧等，做到准确、规范、顺达，反复练习，认真揣摩，力求精益求精。关键是要学以致用，在实战对抗中经受检验，一切不符合实战要求的花架子都应予以剔除。武术散打普修课的技术教学与训练中，要从学生的实际出发，根据技术之间内在的联系，突出重点教学，贯彻“少而精”原则。要抓住关键技法教学，使学生能举一反三，触类旁通。在练习方法上，要保证重要的、基本的技术得到反复练习，规范而熟练地掌握扎实，达到运用自如的程度，以便更好地形成组合进攻技术和防守技术在比赛中运用。由浅入深地指导学生在特定的攻防对抗环境中反复磨炼，培养和提高学生技法运用的攻、防、反能力，使学生适应现代武术散打运动的强对抗、多变化的发展趋势。

贯彻从实战出发原则，就是在学习武术散打技术时，在严格动作规格要求的前提下还特别要强调技法的使用效果，时刻强化攻击、防守和反击动作的规范性以及快、准、狠的技法运用要求，注重简捷实效。“快”是指攻击技法的速度快，以迅雷不及掩耳之势，达到使对手防不胜防的攻击效果；“准”是指攻击技法的力点、击点要准确，“狠”是指攻击技法击打的力度要大，准、狠才能增加攻击威力，才能一击奏效，获得最好的攻击效果。在瞬息万变的武术散打比赛中，一招一式非攻即防，不是在进攻，就是在防守或反击，没有任何花招虚式，进攻与防守构成了武术散打的技战术核心。格斗对抗危机四伏,容不得片刻懈怠,要在转瞬即逝的激烈对抗情况下实现制胜对手的目的,出手务必简单快捷,追求实效,以使对手处于措手不及的被动局面,方能得到“出其不意,攻其不备”的最佳击打效果。在武术散打普修课教学中，要从学生的实际水平出发安排练习，准确把控难易程度，制订针对性的教学方案。开始可规定双方只做单招的进攻、防守与反击练习,再逐渐过渡到连招的、随机性的进攻、防守与反击练习。以利于使学生较快地建立正确的本体感觉,培养攻、防、反意识,建立条件反射,巩固和提高其攻、防技术动作的规范性和实效性,切实提高实战能力。

第二节　武术散打的教学步骤

教学过程是学生在教师的组织和指导下,通过教学活动掌握知识、技术和技能的过程。武术散打普修课程的教学主要包括学习基本技术、战术和提高运用能力等内容。由于武术散打运动是一项身体直接接触的对抗性运动项目,教学安排必须从实战需要的角度出发,不断强化技术动作的规范性,使学生在反复练习中规范动作,掌握技法,提高技术的运用能力和实战水平。一般来说,在开始教授技术动作时,要严格踢、打、摔技术的规范要求,指导学生反复练习和揣摩,以掌握技术动作、组合连招方法和运用技巧,然后再学习掌握战术方法,熟练战术形式,逐步转入攻防及实战对抗,提高运用技术、战术的能力和应变能力。总之,教学步骤必须根据教学目的、任务,教材的特点,学生的实际情况和场地器材条件等具体情况来确定。教学过程中应充分发挥教师的创造性,遵循学生的认识规律和动作技能形成的规律及教学原则,讲求实际,防止形式主义。在武术散打的教学组织中,任何一个教学步骤的进行都要严格课堂组织纪律，认真落实安全措施。根据人体机能活动的规律和动作技能形成的生理机制,结合武术散打技术的运动特点,战术形成和运用的规律,通常采用以下几个步骤进行教学。

一、武术散打技术的教学步骤

（一）初步了解与学会技术动作

在武术散打普修课技术教学时，对于从来没有学习过武术散打技术的学生来讲，教学内容的安排首先是学习基本技法。基本技法包括实战姿势、步法、拳法、腿法、摔法、跌法、防守法、连击法等等。一般先由教师讲解、示范技术动作的基本做法、技法要领和要求，以及练习时的注意事项，使学生建立正确的技术动作表象和完整的动作概念。然后学生在教师的指导下进行原地或移动中的模仿练习，初步学会动作的运行路线、发力顺序、身法配合等基本技术方法，而对击打的力量、速度和攻击距离等不作要求。此时学生对技术动作的条件反射刚刚建立，稳定性差，易受外界干扰而变形，时常会出现错误动作，教师要善于预防、发现和纠正错误。因此，教师在此教学阶段不应过分强调学生练习时的技术动作细节，但一定要抓住动作的关键技术环节，应多采用示范、讲解以及分解与完整相结合的教学方法，指导和帮助学生对技术动作的规范做法有一定的了解和初步体会。通过反复练习，逐渐学会技术动作的正确方法。

（二）掌握技术方法与强化技巧

学生在初步了解和基本掌握技术动作方法之后，这时教师要强调和引导学生认真体会技术动作的要领及用力技巧，反复进行练习和揣摩，指导学生不断地改进动作细节，同时尽量消除学生的紧张情绪和技法练习中的多余动作，并减少和消除技术动作启动的预兆，逐渐掌握完成技术动作的正确方法。可采用变换练习法，在较为复杂的情况下巩固技术动作的动力定型。如变换完成技术动作的条件和练习的组织形式，加大完成技术动作的难度，提高完成动作的要求，通过多种速度、距离的反复强化练习，使技术动作练习完成得更加规范、协调、准确和连贯，达到进一步改进、完善动作的目的，提高各种复杂的变化条件下随机正确完成技法动作的能力，强调技法攻击的力度、速度和距离，以巩固、熟练掌握技术，不断强化技术技巧，使动作的条件反射更加稳固。同时要注意启发学生的积极思维，加深对技术动作的理解程度，培养分析问题和解决问题的能力，增强学生的攻防意识。

（三）掌握组合技术与进行配合练习

在学生初步建立技术动作正确的动力定型之后，就要学习和掌握踢、打、摔技法的组合连招技术,为对抗条件下运用技术打好基础。一般是先慢速进行练习,并以不破坏已形成的正确技术动作定型为原则,然后逐渐加快完成动作的速度。通过反复练习,使学生的组合连招技术能合理、流畅地完成。在此基础上,指导学生逐步领会完成组合技术的快慢节奏,提高动作衔接的质量。为了达到进一步强化和巩固的目的,以提高学生技法的运用能力,就必须进行有针对性的各种技法动作的进攻与防守、进攻与反击的配对攻防练习,培养学生运用技法动作的实效性和攻、防、反意识,建立对抗下的攻反条件反射。在进行配对攻防练习时,务必要强调和确保学生安全,要求攻、防、反技法运用从使用单个动作开始,逐渐过渡到使用组合连击动作,由慢至快、由轻至重。教师要根据不同的教学阶段、教学目的和教学任务,提出符合学生实际水平和能力的不同的攻防对抗要求,循序渐进,逐步深入,以利于学生较快地建立正确的本体感觉,不断巩固和提高技术动作的规范性和攻防运用的实效性。培养学生建立对不同技法动作攻击的应激变化能力,相生相克使用动作的条件反射能力。

(四)条件实战与实战

学生对技术动作有了深刻的理解和掌握之后,教师可指导学生进行在一定条件限制下的条件实战练习和实战对抗练习。在进行条件实战时,一定要根据学生的实际情况和练习目的,选择相应的条件实战练习内容,如提出固定的对抗条件要求;在“消极”攻守对抗情况下,选择运用时机,提高技术的运用能力;在积极攻守对抗的情况下,进一步提高在困难情况下运用技术的能力等。以在不同的实战条件下,逐渐加深学生对不同技术动作和方法的理解和掌握,提高学生的空间感、距离感和对时机的把握能力,培养其在攻防对抗中特有的反应能力和应变能力,为完全过渡到实战打下良好的基础。实战是指学生在没有规定条件的情况下进行对抗,可以运用所学的各种攻防动作自由的进攻和防守。实战是技术学习的最高阶段,也只有通过实战才能真正检验动作质量和教学效果;通过实战可以不断锤炼学生对技术动作的把握程度和运用能力。在进行实战教学时,要以保证安全为前提,对学生要进行安全教育。指导学生相互关爱,沉着冷静,控制技术动作攻击的力、速度,不可死打硬拼。使学生在对手积极阻挠和制约的情况下,冷静观察,准确判断,运用主变与应变动作,采取果断行动。从而不断熟练技法,提高实战对抗下的技术运用能力。在实战教学中,教师要引导学生学会技法运用效果的自我分析和提高总结的能力。通过条件实战和实战练习，进一步提升学生技法运用的实战效果，积累经验，不断提高实战技能，达到教学目的。

二、武术散打战术的教学步骤

（一）建立战术概念，掌握战术方法

武术散打战术，是根据比赛双方的情况，为充分发挥自己的特长，限制对方特长，战胜对手而采取的合理有效的计谋与行动。战术的作用是把学生已获得的技能、体能、心能训练成果，在比赛中最优化地进行综合运用。武术散打战术方法、战术形式多样，在进行战术教学时，首先是指导学生认真学习战术知识、建立战术概念、培养战术意识，以期初步掌握多种战术形式，熟练战术运用的基本方法。一般采用学习战术理论、观看比赛视频，组织学生进行战术展示与讲解等方式进行；教师要运用简明扼要的语言，阐明具体的战术形式，使学生比较清楚地了解战术方法的运用过程。在完整战术方法演示之后，还可以重复演示或重点演示战术中某个环节，进一步讲解战术的实质，启发学生的思维，加深对战术的理解。在演示、讲解的基础上，使学生在攻或守的限制条件情况下进行现场试练，实际体会战术行动方式、方法，将看、听、想、练有机地结合起来，巩固和加深已形成的战术概念。另外，重要的是要指导学生根据自己的特点，围绕自己的特长、绝招技术设计战术，从而确立自己的战术指导思想。

（二）提高战术综合运用能力和攻守转化速度

在学生基本掌握攻守战术方法的基础上，就要着重进行战术意识的培养和结合比赛进行攻守转换战术组合练习，提高运用战术的应变能力。战术意识是实施战术行动时的思维活动，比赛中每一个战术的运用都受战术意识的支配。所以，在教学训练实践中教师要积极利用各种机会因势利导地培养学生的战术意识，指导其在紧张激烈和复杂多变攻防格斗中，快速、准确、有效地实施自己战术行动方案。如提高学生进攻与防守战术转化能力的练习：在练习中，当一方发起的主动进攻结束时，应立即干扰对方反击，同时迅速转入防守；一旦防守结束时，立即转入反击并再次发动快攻，如快攻受阻，再转入防守反击，等等。由守转攻时，转换要快速、果断。主要培养学生判断的准确性、行动的预见性、攻防转换的主动性和战术运用的灵活性。再如提高综合运用战术的能力：指导学生在“消极”攻守对抗及同伴降低抵抗程度的条件下进行战术练习；

在积极攻守对抗的条件下，提高运用战术的能力。进行练习时，教师要指导学生注意观察对手的行动，根据攻守制约的情况，捕捉稍纵即逝的战机，有策略地选择运用战术，以使对方难以适应而产生漏洞或失误，从而赢得比赛的主动权。以此学习并熟练掌握合理的战术配合方法，提高综合运用战术的能力。

(三)在比赛中运用战术，提高应变能力

在比赛中进行战术教学，使学生在攻守对抗错综复杂、变化多端、紧张激烈的比赛中，根据随时变化的情况，能灵活、机动地运用一种或多种战术，切实提高学生的战术运用和应变能力。教师在比赛前提出战术要求，比赛中进攻、防守、反击交错进行，可视情况随时暂停，分析练习者的战术运用情况，指出问题，进行讲解、研讨和具体指导；比赛后认真总结成功的经验，分析失败的原因，提出改进方法。教师要指导学生尽可能多地学习、掌握战术方法，利于学生在比赛中根据具体情况和具体条件选择使用；要根据教学的重点，合理安排比赛中战术教学的先后顺序，因为各种战术是相互矛盾、相互克制的，指导学生正确处理攻守关系，以攻为主，攻守并重。在教学比赛中要把提高学生的攻守技术运用能力与培养战术意识、掌握战术方法结合起来。可安排不同体重级别、性别的学生进行配对实战，限制条件的战术运用实战，设定多种比赛场景的战术运用实战等，教师提出具体的目标任务，要求和引导学生完成战术意图和各种战术方法，检验战术运用效果，提高学生运用战术的应变能力。

第三节　武术散打的教学方法

教学方法是教师为完成教学任务而采用的办法和具体手段，包括教师教的方法和学生学的方法，是教师引导学生掌握知识技能、获得身心发展而共同活动的方法。武术散打普修课教学方法的运用，必须根据教学目的、任务、教材的特点，以及学生的实际水平能力和场地、器材条件等具体情况来确定。任何武术散打技术动作或战术方法的教学，都必须紧密围绕武术散打运动的技法特点，强调技术动作要求和要领，在安全、稳妥的前提下，使学生较快地建立正确的本体感觉，培养攻、防、反意识，建立条件反射，巩固和提高其攻、防技术动作的规范性和实效性，不断提高实战能力。另外，武术散打教学内容与任务的安排要循序渐进，不可操之过急，要充分考虑学生的身体、心理条件，有的放矢、有针对性地运用教学方法去完成教学任务。教师们应当恰当地选择和创造性地运用教学方法，表现自己的教学艺术和形成自己的教学风格。在武术散打教学中，经常采用的教学方法有：示范法、讲解法、完整与分解法、预防与纠正错误法。

一、示范教学法

示范教学是学生通过观察教师正确的示范动作并通过视觉感知接受技术的最生动具体的方法，是教学中常用的主要方法之一。武术散打教学过程中，教师通过一次完整的技术动作示范，然后再根据攻、防技术动作的结构和要求、要领等再做重点示范，学生则可以生动形象地了解所学技术动作的结构特征、技术要领和完成动作时身法、步法的配合技巧等，从而较快地建立正确的技术动作表象。同时，教师标准、优美的示范还可以激发学生学、练的自觉性和积极性。

（一）示范要规范、优美

教师在做技术示范时要保证动作的高质量，做到熟练、规范、流畅、有力，从动作的运行轨迹、发力顺序到身体的配合等都要做到准确无误。标准、利落、优美、有力的示范不仅便于学生了解、掌握正确的动作，而且能激发学习兴趣，避免产生畏难情绪。

（二）示范要具有针对性

首先要针对学生的实际情况，根据学生需要有的放矢地做示范，让学生把注意力重点集中在教师示范最主要的环节上，其次是根据不同的教学阶段、目的和任务进行示范。

（三）示范的形式、方法多样

根据学生的实际情况和教学的目的要求，灵活选择相应的示范形式与方法、示范速度和示范面。如徒手与击打手、脚靶的示范；正面、背面、侧面、镜面示范；完整与分解示范等。为了便于学生观察，可采用慢动作示范；为了加深对学生对正确与错误动作的认识，可采用正误对比、典型示范等。使示范教学法互为补充，相得益彰。

（四）示范与讲解、启发学生思维相结合

武术散打技术都具有明确的攻防含义，所以教师的示范要结合讲解技法的功能进行。有的技法先讲解后示范，有的则先示范后讲解，或边讲解边示范。在示范中可以设计一些攻、防、反的问题进行课堂提问，借此启发学生对技法动作的规范做法和运用技巧的积极思考。

二、讲解教学法

讲解教学法是武术散打教学中时常运用的一种重要形式和方法。在教学过程中教师通过语言指导学生，使学生获得武术散打的有关知识，进行学习和掌握技术技能、战术等。教师运用语言向学生讲解，初学时首先要讲明教学的目的任务、动作名称和使用方法，以及完成技术动作的方法、要领和要求等；在学生技能提高和战术运用阶段，要把握讲解的时机和针对性。讲解要通俗易懂，简明扼要，重点突出。

（一）讲解的主要内容

1.武术散打技术动作的名称、运行路线、方向角度、发力要点等要领，以及对身体各部位姿势的协同配合要求等。

2.技术动作的攻防作用、攻击部位、实战中的运用时机、战术变化方法等。

3.技术动作的易犯错误与纠正方法。

4.技术动作的相关练习方法。

5.预防伤害事故发生的安全方面的要求等。

（二）讲解法运用的具体要求

1.对武术散打技术动作的讲解要简明扼要，重点突出，逻辑性强，由表及里。针对动作的关键技术点要加重语气，重点强调，同时要善于运用形象生动的语言来启发、诱导学生。

2.讲解还应根据不同的教学步骤而有所侧重，特别是技法动作进行攻防实操时，要强调安全性。初学时以讲解动作要领、要求为主，熟练后则以讲解运用方法为主。讲解应有目的、有针对性地进行。

3.做到讲解与示范有机地结合，使看、听、想、练结合，充分发挥学生的视觉、听觉等多种感觉的综合功能，使学生学有目的，练有动力。

三、完整与分解教学法

完整教学法是从技术动作的开始到结束，完整连续地进行教学和练习的方法。武术散打技术的完整教学法，主要运用于易学易练的较为简单的招法，其优点是能保持技术动作结构的完整性，易于使学生对动作技术形成整体概念，明确技法运用的方法、目的和击打效果。其缺点是对有一定难度的攻反性复合技术动作，则不易较快地掌握好动作中较难的环节。完整教学法教学要求是要突出教学重点，科学地把握动作的快慢节奏。学生在初学时应适当降低动作的质量要求，先反复揣摩、试做，再逐渐提高技术动作的质量要求。

分解教学法是把完整的动作按其技术结构合理地分成几个部分逐步地进行教学，最后掌握完整技术动作的方法。武术散打技术的分解教学法，主要运用于复合技术，其优点是把动作分解成若干步骤进行习练，降低了动作难度，便于突出教学重点，强化了学生对技术动作难点、关键点的学习，有利于加速教学进程。分解教学法要与完整教学法相结合进行，只要学生通过分解练习初步掌握动作后，就应尽快地向完整动作练习过渡，以保持动作结构的完整性及动作练习中的快速性、连续性，尽快形成完整攻、反技术动作的动力定型。

四、预防和纠正错误法

预防和纠正错误法是教师为了防止和纠正学生在学习中出现错误动作而采用的方法。在武术散打技、战术练习的过程中，学生不可避免地会出现错误动作，教师必须及时予以纠正。在教学实践中，纠正错误首先要分析学生产生错误的原因，然后再采取相应的措施进行预防和纠正。

在进行武术散打教学时，学生对正确的技术动作概念不清楚，身体素质较差或协调性不好，特别是心理素质差，紧张和担心害怕等，都可能导致错误技术动作的发生。教师要根据错误产生的原因，分别采用相应的方法予以纠正。教学实践中经常采用的方法有诱导法和条件限制法。如：提高技术动作示范和讲解的质量，让学生建立正确的技术动作概念，清楚完成技术动作的顺序、路线、要领和要求；使学生明确技术动作的关键点，以建立正确的动作表象。还可以利用各种诱导性练习、转移性练习和启发性的语言预防和纠正错误动作。再如，在进行对抗性的攻反练习时，要考虑到学生心理可能会产生惧怕和紧张的情况，为此要进行积极的心理诱导训练和适当降低对抗的难度，多采用辅助性练习来消除学生的紧张情绪和畏惧心理。纠正错误时，要抓住主要矛盾，纠正主要错误动作，循循善诱。使学生明白产生错误的原因、带来的后果，学会自我监控、检查动作对错的方法，要求学生习练时要勤于思考，想练结合。当学生形成正确的动作表象后，应及时进行强化训练，以便巩固已形成了的动力定型。

第四节　武术散打的练习形式与方法

武术散打教学中，在学生初步掌握基本技术动作之后，技法的掌握和运用尚未达到娴熟与稳固的程度，为了巩固和提高技术动作的规范性和实效性，需要在教师的指导和监控下进行反复的强化练习，才能逐步形成正确的动力定型直至达到完成技术动作的自动化，为以后的实战运用打下牢固的技术基础。在武术散打技战术教学过程中，经常采用的练习形式有个人练习、配对练习、分组练习和集体练习。练习方法主要有空击练习、喂招练习、攻防练习、打靶练习和实战练习等。

一、练习形式

（一）个人练习

武术散打的个人练习是学生自己独立练习的方法。练习时教师要指导学生认真体会和揣摩技术动作的要领、路线、方向、角度以及发力顺序等要素；学生也可以根据自己技术的实际掌握情况，有目的地进行攻击动作速度、击打力量和击打准确性的练习，进一步消化、熟练和巩固所学的技术动作。在个人练习时教师要特别注意每个学生的具体表现，观察学生的技术动作细节，及时发现错误动作，并进行针对性的纠正和个别辅导。个人练习的优点在于能够培养和发挥学生的个人思维能力和想象能力，克服紧张、惧怕心理，充分发挥个人的主观能动性；而且可以自我调节运动节奏、密度与强度；特别有利于学生体会对武术散打技法的自我感悟，形成正确的动力定型和练就“绝招”。

（二）配对练习

在武术散打教学训练中，配对练习既是最重要的练习形式之一，也是教学中经常采用的练习方法。配对练习是指根据学生的具体情况，练习时学生两两配对组合而进行的练习形式。配对练习要在教师的指导下，结合教学课的目的与任务，有针对性地安排。教师要注意观察并根据练习情况随机进行简明扼要的讲解、口令提示或示范。配对练习要求双方一定要积极有效地配合，互帮互助，在安全有序的对抗情况下共同提高技、战术水平。配对练习的优点在于其形式更加符合武术散打实战对抗的特点，有利于学生技、战术特点的快速形成，特别是在培养学生对时间、距离、空间、时机等一切与实战对抗相关因素的判断能力方面，有着其他形式无可替代的地位与作用；能实现学生从学会基本技术到在对抗实操情况下运用并提高技术的转变，有利于提升技法在实战对抗中的运用技巧和攻击效能。同时也有利于学生间的相互帮助、相互学习，培养学生的团队精神和集体荣誉感。

（三）分组练习

分组练习是根据实际情况将学生分成若干个小组进行练习，可以按照技术水平、性别等进行分组。练习时可以挑选学生中技术较好的技术骨干轮换进行指挥与练习。练习时应鼓励组内学生对技术动作进行分析研究，发表自己的看法与体会，互教互学，充分发挥学生的主观能动性；各组之间也要互相学习与交流，也可以以比赛的形式来激发学生的学练兴趣和热情。在进行分组练习时，教师应注意统揽全局，抓住共性，分别指导，督促各组学生保质保量地完成教学任务。分组练习的优点在于能充分发挥学生中技术骨干的示范带头作用，对技术较差的学生进行具体的帮助和指导，充分培养小组长的组织与指挥能力，有利于培养学生的集体主义精神和互帮互助的良好学风。

（四）集体练习

集体练习是在教师或技术骨干领做或用口令指挥提示下的集体统一练习。领做的实质也是一种示范形式，要注意选择合理的示范面和示范位置。练习时口令指挥的声音要洪亮、干脆而利索，节奏感强，必要时可以穿插简明扼要的讲解或提示。对于共性的错误动作，一定要停下来进行纠正，个性错误则口令提示。集体练习的优点在于便于教师整体观察，能抓住重点和共性，有利于学生建立和形成正确的动力定型。同时也有利于教师根据教学目的，灵活掌控练习的次数、频率及总运动量；亦有助于培养学生的集体主义精神。

二、练习方法

(一)空击练习

空击练习是不设置任何辅助条件而徒手进行的练习,可单人练、双人练、分组或集体练习,是学生熟练掌握技术动作的重要训练手段之一。教师应依据空击练习目的、任务的不同,而对具体的练习内容、方法等进行针对性的安排。练习基本技术时,要求学生在每次练习时回忆教师讲解和示范的动作情景,使动作具体做法的主要环节在脑海中形成表象, 从而使练习的技法动作更趋于准确和规范。练习过程中教师要指导学生认真体会动作的运行路线、用力顺序、发力技巧等技术要领和规格要求。空击练习要循序渐进,从单个技术动作到组合连招,进而进行随机技法组合的空击,使学生巩固正确技术动作的动力定型,技法运用达到自动化的状态。

空击进行假设有对手的练习时,要求学生有意识地假设针对某一对手、某一招法或某种战术打法进行"相克"思维、表象的一种想练结合情境下的练习。是学生熟练技术动作、掌握攻反方法,提升技、战术运用方法、时机、距离等能力的重要训练手段之一。"拳带敌情练",练习时意识清楚,攻反招法准确、到位,方能增强技法运用的条件反射能力。在练习的过程中要时刻假想对手就在面前,在进行单招或组合技术或战术练习时则要强化攻防的条件反射意识,选择运用"相克"的打法,同时注重完成技法动作的速度、力度和距离变化,强调攻、防的目的性和实用性。空击练习在非对抗情况下进行,可消除学生学习的惧怕心理,减少运动损伤的发生。练习中,教师应在一旁仔细观察,一旦学生出现错误动作及时予以纠正。学生也可以进行对镜练习,以便自己随时监控、检查技术动作的规范性和"相生相克"的技法使用效果。

(二)喂招练习

喂招练习是由教师或同伴根据不同的教学目的、任务和学生技法学习、掌握的实际情况,以某种身体运动状态或攻防招法为信号,引导练习者做出相应的攻、防动作的一种实践操练方法。喂招练习的优点是可使学生在完全或几乎没有心理压力的情况下,随机完成攻、防技法动作,以达到熟练攻防招法和提高动作速度、反应速度等练习效果。喂招练习可分为接触性练习和非接触性练习两种形式。在进行接触性练习时,喂招的一方可穿戴一些安全保护器具,练习者则应适当控制攻击动作的力度、速度，避免伤害事故的发生。在进行非接触性练习时，双方相隔的距离要适宜，依技法攻击的距离而灵活安排；喂招的一方应据练习者的攻击技法做好相应的闪躲性防守动作，以便练习者既能充分发挥出攻击的速度和力度，又不至于触及喂招者的身体，从而避免被击中而发生伤害事故。

在学生的技法基本熟练掌握后，就要尽快安排喂招练习，一切从实战需要的角度出发，指导学生进行针对性的攻、反兼顾的技术练习。如教师或同伴模仿实战中的一些技、战术打法，或者不同的技术特点、打法类型的对手等进行喂招，要求练习者必须依据具体的情况迅速做出相应的反应，并合理、有效地运用进攻、防守与反击的技法应对。如此反复练习，不仅可以使学生尽快地建立技法运用的条件反射，巩固动力定型，而且可以提高学生的习练兴趣和增强信心；对于培养学生的战术意识，提高心理承受能力和比赛中临场的应变能力等诸多方面都能获得良好的效果。

（三）攻防练习

攻防练习是两人一组，根据武术散打攻防格斗运动的规律和训练课的具体内容和任务，有针对地进行练习的方法和手段。教学的主要任务是指导学生熟练技术在攻、防对抗中的运用，有效地提高学生攻防技术动作运用的规范性、实效性，较快地建立正确的条件反射，培养学生的攻防意识和技法实用技巧。由于武术散打运动强烈的对抗性，在学生进行攻防练习时存在着一定的安全隐患，所以教学安排要循序渐进，逐步深入。初练时可以指导学生先进行单个技术动作的一攻一防练习，然后逐步过渡到预先安排好的2~3击连招技术动作的攻防练习，最后再至随机、任意技法运用的攻防练习。要求练习双方一定要积极有效地配合，互帮互助。在进行攻防练习的初期，教师要指导学生在动作的力度和速度上都要有所控制，点到为止，预防伤害事故的发生。

在进行攻防练习时，应该特别强调的是，尽管是配合性的攻防练习，但也应要求学生在做出攻击或防守动作之后，迅速转入反击，以利于尽快建立进攻、防守与反击的条件反射。待攻防技法动力定型后，无论是单个还是连招技术动作的攻与防练习，都应指导学生随机地发出攻击动作，而另一方则做出相应防守及反击动作，遵循从难、从严、从实战出发的要求来保证练习的质量，从而满足技法实战运用的要求。攻防练习的最终目的在于培养学生技法运用的技巧，提高对时机的把握、距离的控制、空间的判断及应变能力等，强化和培养学生在实战对抗中灵活、有效地运用技术的能力，提高技法动作的实战运用效能。

（四）打靶练习

打靶练习是由教师或同伴根据各种不同的教学任务，借助手靶、脚靶、胸靶、沙包等辅助器材，帮助学生提高技术和战术质量的一种方法。可分为打固定靶和活动靶两种，练习的内容、方法和形式灵活多变。手靶主要练习拳法技术；脚靶主要练习鞭腿、侧踹腿、后摆腿、劈腿技术；胸靶主要练习前蹬腿、后蹬腿、侧踹腿和转身踹腿等技术；沙包能练习各种拳法、腿法技术等。在进行组合连击招法练习时，可以手靶、脚靶和护具靶等兼用。在教学中应有针对性地选择运用，对于初学者，为了学习、巩固技术动作，使学生尽快形成正确技术动作的动力定型和条件反射，可采用单一的打靶形式，如打拳靶、打腿靶等，目的是规范技法，提高击打的准确性和体会身体协同用力的技巧。技法熟练掌握后，可以指导学生通过击打距离、方位、节奏等变化的动态中进行单击或连击的打活动靶练习，以提高学生的主动进攻和防守反击能力。

打靶练习根据练习目的可分为技术靶、战术靶和素质靶。技术靶是通过打靶来规范学生单个动作或组合连招技术动作的练习方法，主要目的是熟练技法，提高击打的准确性和攻击威力；战术靶是根据实战多变的情况随机示靶，指导学生针对性选择技法进行击打的练习方法，主要目的是提高学生在动态变化中完成进攻、防守及反击动作能力，培养战术意识，提高对击打时机、距离的把握能力；素质靶则是以提高动作速度、打击力量和专项耐久力为主要目的的练习方法，全力、快速、持久的击靶可以提高技法动作的速度、力量、耐力和抗阻力的能力。

（五）实战练习

实战练习一般分为条件实战和完全实战。条件实战是指在有一定条件限制的情况下进行的有针对性的实战对抗练习。如拳法实战、腿法实战、拳腿实战、腿摔实战，以及主、被动实战等。条件实战练习既可以对使用技法进行条件限定，亦可对攻击动作的击点、力度和速度等进行专门要求。条件实战练习形式主要有：甲进攻乙防守，甲进攻乙防守反击，甲进攻乙反击甲反反击等。条件实战主要是为了提高学生某一特定技战术的运用能力而采用的一种练习方法，具有很强的针对性，是学生进行实战的初期经常采用的练习方法。条件实战因可以使学生在较低或没有心理压力的状态下进行实战对抗练习，所以能使学生集中精力来专心提高单个或连招技术，快速形成特定的攻防条件反射。进行条件实战时，教师要根据教学训练的目的和任务，对学生进行合理地配对，对配对双方的技战术能力与水平要做到心中有数，要求学生练习时务必严格按照条件规定进行，遵守纪律，保障安全，相互帮助与爱护，携手提高技战术水平。

完全实战是两名学生进行全方位的实战对抗练习，是有效提高武术散打的技战术水平和检验技战术运用能力的重要方法，同时也是总结、积累实战经验和反馈训练方法与手段实效性的有效措施。实战练习可参照当前通用的武术散打竞赛规则，也可根据具体情况附加一些新的要求。实战练习应以确保学生安全为前提，教学中应根据学生技法掌握的实际水平和运用能力等情况灵活安排。首先配对一定要合理，严格要求技法运用的力、速度；其次，尽管要指导学生大胆使用技术，以在实战对抗练习中不断改进、完善技术和提高技能，但其目的仍是练就学生技战术实战运用的能动性和有效性。实战练习需要身体的直接对抗，练习者尤其是初学者都要承受一定的心理压力，安排实战练习要适时、适度，绝不能过早、过频，应遵照循序渐进、确保学生生命安全和身心健康的原则下，有的放矢地进行，预防和杜绝伤害事故的发生。

第五节　武术散打教学文件的制订

武术散打教学活动是一个有组织、有目的的教育过程。为了使教学工作顺利进行，必须制订出相应的教学文件，把为完成教学任务而采取的组织策略，通过文件的形式表达出来，以保证武术散打教学课的质量。这些文件主要包括教学大纲、教学进度、课的教案（课时计划）和教学工作总结等。

一、教学大纲

教学大纲是依据教学计划，以纲要的形式编写的武术散打课程教学内容的指导性文件，是教研室和教师个人组织课程教学工作的基本依据。在教学大纲中规定了课程教学的基本任务，体现了课程教学工作的指导思想，限定了教学的知识范围，确定了课程的考核标准和方法，是衡量教学任务完成情况的基本依据。

（一）教学大纲的结构与内容

1.说明。主要阐述制订大纲的依据、课程的定义、课程的目的任务、编制大纲内容的主要原则，提出教学中确保大纲完成的措施等。

2.教学目的。要求阐述本门课程在教育、教学及学生培养方面的具体任务。一般包括专业知识技能方面的要求、发展学生身体素质方面的要求和思想品德教育、武德教育等方面的要求。

3.教学内容及课时数分配。阐述课程教学中理论、技术、战术、规则裁判法和相关的基本能力培养等，不同教学内容的课时数划分比例、理论教学与实践教学的比例、理论教学的章节和课时等，通常以表格的形式来表述。

4.基本教学内容。是教学大纲的主体部分。通过知识点的形式把教材中各章节内容详细罗列出来，并根据教学要求，确定一般教材、重点教材和介绍教材等。

5.考核方法。依据教学目的确定课程考核方法与标准。

6.教材及主要参考书。列出本门课程使用的教材和主要教学参考书。

（二）制订教学大纲的基本要求

1.从实际出发，落实教学计划所规定的培养目标和要求，明确提出武术散打课程教学总任务。

2.根据武术散打运动的特点，把武术散打运动基本理论知识、主要技战术内容和研究前沿的有关知识内容列入教学大纲。要主次分明，注意科学性、系统性和实用性。

3.合理分配教学课时数，注意理论课与技术课的比例要适当，符合教学任务的要求，确保教学任务的完成。

4.考核内容应把重要的基本教材作为重点，考核方法能客观、全面地反映学生掌握理论知识、技术和技能的真实水平，明确理论知识与技术考核在总成绩中所占的比例，评分办法科学合理。

二、教学进度

教学进度是根据教学大纲的任务、内容和课时数分配，把教材内容具体落实到每次课中的教学文件，教学大纲规定的所有内容都必须在教学进度的条目中找到。它是依据武术散打知识技能认知学习基本规律而确定的教学内容的逻辑序列，因此，它是教学法和教学策略的反映。合理地制订教学进度对提高教学的质量与效果具有重要的作用。

（一）教学进度的格式

制订教学进度表时，把教材内容按编号顺序逐个列入教学内容栏内，然后按出现的先后顺序在相应的课次栏内做“√”号，科学地排列组合，从而反映出每次课的教材内容安排和整个教材排列顺序及数量（表4–5–1）。

表4–5–1　教学进度表

编号	教学内容	教学时数	出现次数	课次											
				1	2	3	4	5	6	7	8	9	10	11	…

（二）制订教学进度的基本要求

1.全面安排，突出重点。教学进度应根据总的教学任务和运动技能形成的规律，全面安排教学大纲规定的教材内容。重点教材应安排在合适的位置，并适当增加出现的次数，体现整个教学过程的系统性和科学性。

2.遵循逻辑关系，合理利用迁移的原理。教材的排列要体现武术散打运动教学的自身逻辑特点，知识单元和技术的排列要体现合理逻辑关系。既要考虑各类攻守技术、战术的系统性和相互之间的联系，又要考虑武术散打运动本身对抗性的特点，攻守并重、齐头并进。教学要由易到难、循序渐进、合理搭配。

3.理论与实践要密切配合。理论课与实践课要科学安排、密切配合，根据不同阶段的任务要求，有针对性地安排埋论课教学，理论联系实际，将在实践中获得的感性认识及时上升到埋论认识，达到相互促进的作用。

4. 注意新旧教材相互搭配。教学进度中要合理分配每次课的不同教材分量，各类教材合理搭配，充分体现循序渐进的教学原则并反映出课型种类模式。

5.课内外结合，提高能力。武术散打教学进度安排还要考虑到课内、课外两种模式，通过课外实践，才能得到更多的锻炼，以利于学生各方面实际能力的提高。

三、教案(课时计划)

教案是依据教学进度，教师为完成教学任务而制订的文件之一，是教师经过备课，以课的组织形式编制的教学实施方案，是教师对每次课教学任务的制订、教学内容的组织、教学步骤的安排、教学问题的考虑等相关教学工作的具体反映。

(一)教案的格式

武术散打技术课教学中经常采用的教案格式大多是表格式(表4-5-2)。

表4-5-2　技术课课时计划

<table>
<tr><td>周数</td><td></td><td>课次</td><td></td><td>上课时间</td><td></td><td colspan="2">年　月　日</td></tr>
<tr><td>课时任务</td><td colspan="7"></td></tr>
<tr><td colspan="4">教学内容与要求</td><td>时间</td><td>次数</td><td colspan="2">组织教法</td></tr>
<tr><td colspan="4"></td><td></td><td></td><td colspan="2"></td></tr>
<tr><td>课后评议与小结</td><td colspan="5"></td><td>课后作业</td><td></td></tr>
</table>

(二)编写教案的基本要求

1.提出教学任务。依据培养目标、教学进度安排、教材内容的性质和学生的实际情况提出具体的教学任务，要符合体育教学的一般规律和武术散打技能形成的特点。依据教材内容可提出不同的任务，如“初步掌握”“基本掌握”“改进提高”“巩固”“运用”等。总之，要反映学生认识过程，有针对性，符合实际，能够全面体现武术散打教学在教育、教学和育人方面的任务。

2.确定教学组织模式。针对课的任务来合理确定教学的组织模式，武术散打技术课教学中通常分为集体练习、分组练习、配对练习和个人练习等。要科学合理安排练习密度。

3.合理选择教学方法。依据教学内容、学生的实际情况和场地设备条件来选择教学方法。讲解、示范、练习、纠正错误和反馈与强化等手段在不同课中运用要有所侧重，教法要灵活多样。

4.确定运动负荷。课时计划中要对运动负荷做出估计，通过练习的安排使运动的量和强度反映出课的高低潮，有利于学生掌握武术散打技能和发展体能。一般在练习后测试人体脉搏为标准：大强度180次/分以上；中强度140~180次/分；小强度100~140次/分。

5.注意课程内容之间的衔接。在课时计划中要体现出前后的衔接，学习新内容时要复习前面学过的内容，做到温故而知新。

(三)武术散打技术课的结构与组织方法

武术散打技术课是指根据教学进度所规定的教学内容要求，组织学生进行练习的一类课型。它的目的是帮助学生掌握武术散打基本动作、技能及方法，发展体能、增强体质、促进身心健康发展。根据每次课的具体教学目标，技术课一般可分为新授课、复习课、综合课和考核课四种类型；课的结构一般可分为准备、基本、结束三个部分，各个部分包括教学目标、组织教法措施，以及课的密度、运动负荷、时间分配等。组织教法必须符合运动技能形成和运动人体生理机能活动变化的科学规律，同时要遵循武术散打运动教学的组织原则，发挥学生的主体作用和教师的主导作用，提高教学质量。

1.准备部分

(1)课堂常规

课堂常规是指每次上课之初，教师必须进行的工作程序。主要包括集合整队、师生互礼、班(队)长或值日生向教师报告出席人数，简要地讲解本课的任务、内容和要求，安排见习生，集中学生的注意力等。要求教师宣布任务、提出要求时，内容要清晰，语言要简捷、精练。

(2)准备活动

依据运动中人体生理机能活动变化的规律，准备活动的主要任务是通过一定的身体活动使机体由相对静止状态进入工作状态，为学习课堂内容做好生理和心理上的准备。一般采用集体练习的形式，亦可分排、分组或个人分散进行。一般性准备活动通常是走、跑、徒手体操以及活动量较小的一般性游戏练习，使全身主要肌肉群、关节、韧带等部位都得到充分活动；专门性准备活动可以采用与基本教学内容、任务相呼应的练习，或者安排一些武术散打运动中起基础性作用的动作进行练习，运动负荷应由低到高，逐步增加，使身体各肌肉群、关节、韧带、器官以及主要系统的机能做好充分准备。准备活动的时间一般占全课时间的15%～20%。

2.基本部分

基本部分的主要任务是根据教学进度的内容安排,组织一定数量的技术、战术教学和练习,提高学生的身体素质,使学生掌握和改进武术散打技术、战术,同时培养良好的心理品质。

基本部分要突出重点教学内容,根据课时计划的内容安排,结合学生的具体情况,选择相应的教学方法和手段。一般来说,重点的教学和复习内容应安排在身体充分活动以后,身体机能正处于最佳状态时进行。学生此时的精力集中,体力充沛,能确保达到最佳的教学效果。然后进行巩固和改进已学过的教材内容,最后进行教学比赛和提高身体素质的练习。要充分利用讲解和示范、重复练习和纠正错误等教学方法,使学生改进和巩固学过的内容,练习体会新内容。在教授新的技术动作时,动作方法、要领、难点,教学步骤、讲解与示范,领做与学生练习方法,预防与纠误方法等,都要在教案中表现出来。在基本部分的组织过程中,要合理分配教学的时间,充分利用场地和各种教学辅助设施,增加练习次数,保证练习的数量和运动负荷。如采用集体练习,可以增加练习次数;分组练习,既可保证适宜的运动负荷,又能使学生互相观摩学习。最高强度在课的中后段较宜,选择练习方法要符合循序渐进的教学原则,由浅入深地进行。要充分发挥教师的主导作用,时刻注意观察学生练习的情况,及时调整练习方法,注重调动学生的积极性,使整个教学过程在有效的控制下进行。同时,要注重培养学生的组织能力、分析问题和解决问题的能力,做到教学相长、取长补短。基本部分的时间最长,一般占全课时间的75%左右。

3.结束部分

结束部分的主要任务是使学生的身体逐渐地恢复到相对安静的状态,通常采用集体活动形式进行。结束部分的内容应根据本课的性质选择一些逐步降低运动负荷的练习,如徒手的放松练习、比较缓和的活动性游戏、一些恢复性的整理练习等。放松整理活动结束之后,教师要进行简明扼要地总结和讲评本次课的教学任务完成情况以及学生遵守课堂纪律的情况等。总结时要对教学任务完成情况做出恰当的评价,一方面是为了肯定成绩,找出存在的问题,以利于好的方面能够继续发扬,存在的问题能够得到改进,明确下一步努力学习的方向；另一方面是为了对学生进行思想品德、武德教育，用课中客观反映的事例因势利导，起到转变学生思想的作用。要善于激发学生进一步学习的愿望、热情和信心。最后布置课后作业及预告下一次课的主要内容等。结束部分的时间一般占全课时间的5%～10%。

四、教学工作总结

课程结束时，教师要向教研室和上级主管部门提交教学工作的总结性文件，它是教师自身评价教学任务完成情况、总结经验和找出自我差距，明确努力方向，提出改进措施等的文字材料。在提交教学工作总结时要实事求是地反映整个教学过程，分析要深入、具体，条理要清楚。特别要注意对教学规律的总结，发现影响教学质量的有关问题，指出改进的方法和手段，服务于教学改革，不断提高教学质量。教学工作总结一般包括以下几个部分：

1.课程的性质和任务，教学的周、时数，学生的人数及所在的院（系）和班级，学生的学习基础，教学的条件等基本情况。

2. 课程教学过程中教师的主导作用履行情况。针对学生的特点所采取的教学改革方案或措施，并实事求是地对执行情况做出自我评估，总结经验和剖析教学工作中存在的主要问题和原因。

3. 学生学习训练情况的总体评价与分析。主要包括学生主体作用发挥的情况、学练热情、学习效果、武德培养的成效和存在问题等。另外，要对学生的结业成绩做出客观的定量与定性分析。

4.课程教学工作任务完成的总体情况。对照教学大纲和教学进度的安排，进行客观的自我评价，肯定成绩并找出差距。针对教学中所遇到的问题进行深入分析，提出教学改革的设想和建议。

问题与思考：

1. 在武术散打教学中，如何运用教学原则？
2. 武术散打技术的教学需要经过哪些步骤？
3. 简述武术散打战术的教学方法。
4. 编写一份针对大学生武术散打选修课程教学的学期进度。

第五章　武术散打训练

本章教学目标

1.掌握武术散打运动员技能训练的方法。

2.明确武术散打运动员战术训练的任务，学会战术训练的主要方法。

3.掌握武术散打运动员赛前常见心理障碍的克服方法。

4.掌握武术散打运动员力量素质、速度素质、耐力素质、柔韧素质的训练方法。

第一节　武术散打运动员的技能训练

武术散打运动员的技能是指运动员在比赛的条件下，运用技法实现击中、摔倒对方的能力。技能训练的目的是使运动员获得最佳技术状态和最高技术水平，在比赛中能够合理、有效地使用技法，击中或摔倒对方。技能训练的任务，就是不仅要全面地掌握好各种技法动作的数量和质量，更要提高在比赛中动态的、随机的条件下，相生相克地使用技法的条件反射能力。

一、武术散打运动员技能训练的方法

武术散打运动员的技能训练，包括基本技术和基本技术的运用能力两个方面的内容。从基本技术的全面掌握，到运用能力的选择时机、选择动作、选择目标等，首先要明确技能训练所要达到的目标和完成的训练任务，其次要根据

训练阶段以及目的、任务的不同，针对性地选择使用技能训练的方法。运动员的技能训练，要遵循从难、从严、从实战出发的训练原则进行。

（一）空击练习

空击练习是指运动员徒手进行的武术散打技法动作的练习，是熟练自如地掌握动作技术的重要训练手段，并能以此加强和改善神经传导通路的信息传递功能，进而提高动作应变能力和反应速度。在进行基本技术的空击练习时，要求运动员注意动作的规范性，仔细体会动作的运行路线、发力技巧等技术要领，目的是提高技法动作的熟练性、协调性和灵活性，形成技法动作的动力定型。在进行使用技术的空击练习时，要求运动员有实战意识，想练结合，对相同的技法动作进行不同距离、位置、方向、角度的多重练习，以提高技法运用的动态变化调节能力。

（二）打靶练习

打靶练习是指一人持靶，一名运动员进行击打的练习方法，可分为打固定靶和活动靶两种形式。打固定靶主要是提高技法动作的攻击力度和耐久性，打活动靶主要是培养距离感，提高反应速度和击打的准确度。根据训练的内容和目的任务，分为技术靶、战术靶和素质靶三类。技术靶是通过打靶来规范和提升单个或组合技术动作的练习方法；战术靶是根据比赛中的假定情况有针对性地进行打法练习的方法，以提高战术意识和攻、反技法运用效能；素质靶则是以提高动作速度、击打力量和专项耐久力为主要目的的练习方法，至于在打素质靶时需要解决某项素质的问题，则应根据训练的目的与任务来做出具体的内容安排。

打靶练习主要有打手靶、脚靶、胸靶、护具靶和打沙包、摔布人等方式。除了打沙包和摔布人之外，其余的打靶练习都需要两个运动员互相配合来进行，练习效果与持靶和打靶运动员的行为密切相关。持靶方示靶的位置、距离、角度、速度、频率等，都要符合训练内容的需要；击靶方在示靶显现之后，要快速、有力地完成技法的攻、防、反动作，且必须符合技法实战运用的需要。如此，才能使打靶练习获得应有的训练效果。

1.拳法打靶

（1）单个拳法打靶

左直拳击靶（图5-1-1）。

图5-1-1

(2)组合拳法打靶

右直拳—左上勾拳击靶(图5-1-2,图5-1-3)。

图5-1-2

图5-1-3

(3)拳法攻防打靶

退闪防守—右直拳击靶(图5-1-4,图5-1-5)。

图5-1-4

图5-1-5

2.腿法打靶

(1)单个腿法打靶

左正蹬腿击靶(图5-1-6)。

图5-1-6

(2)组合腿法打靶

左鞭腿—右正蹬腿击靶(图5-1-7,图5-1-8)。

图5-1-7

图5-1-8

（3）腿法攻防打靶

撤步闪躲防守—右鞭腿击靶（图5-1-9，图5-1-10）。

图5-1-9

图5-1-10

3.拳腿组合打靶

（1）拳腿组合进攻打靶

左直拳—右摆拳—左鞭腿击靶（图5-1-11～图5-1-13）。

图5-1-11

图5-1-12

图5-1-13

(2)拳腿组合反击打靶

退闪防守—左直拳—右鞭腿击靶(图5-1-14~图5-1-16)。

图5-1-14

图5-1-15

图5-1-16

(3)拳腿组合攻防打靶

左侧踹腿—抄防右正蹬腿—右直拳击靶(图5-1-17～图5-1-19)。

图5-1-17

图5-1-18

图5-1-19

4.打沙包

(1)拳法打沙包

左直拳打沙包(图5-1-20)。

图5-1-20

（2）腿法打沙包

左侧踹腿打沙包（图5–1–21）。

图5–1–21

（3）拳腿组合打沙包

右直拳—左勾拳—右鞭腿打沙包（图5–1–22～图5–1–24）。

图5–1–22

图5–1–23

图5–1–24

5.摔布人

摔布人是指使用专门制作的布人进行熟练摔法技巧及发展专项体能的练习方法。采用的练习动作主要有夹颈摔（图5–1–25）、抱腿摔、抱腰过背摔、抱腰过胸摔（图5–1–26）等。摔布人训练时，要根据运动员的体重级别选择重量适宜的布人进行。一般采用某个动作不停地连续练习，或者某个动作左右变换

图5-1-25

图5-1-26

方向的练习，以及规定摔法次数变换摔法内容的练习等（图5-1-27 ~ 图5-1-29）。主要用来发展运动员使用摔法技术所需的专项体能，提高缠抱时运用摔法技术所需的步法近身、身法协同和技法使用技巧等的专门能力。

图5-1-27

图5-1-28

图5-1-29

（三）攻防练习

攻防练习是指两个运动员使用技法动作实施进攻、防守或反击，以利于技能水平提高的练习方法。攻防练习的主要作用在于使运动员掌握每一种技法动作的具体运用方法，体验对抗条件下动作时间和空间的知觉和感觉，提高相生相克的动作条件反射能力，直至动作技术的运用进入自动化阶段。

攻防练习应该循序渐进、由简单到复杂。初练时一方运动员可使用单个拳法、腿法、摔法动作实施进攻向练习者“喂招”，而练习者则根据喂招的具体情况做出相应的攻防动作，由此来熟练技法和提高技法运用的实效性，建立起稳定的条件反射。在使用技术熟练程度和动作反应能力提高以后，一方运动员可使用连击法实施进攻，另一方运动员进行防守或反击。然后，双方运动员使用规定的拳法或腿法互相进攻、防守或反击。最后，双方运动员不断地变化和使用技法动作随机进行攻、反的练习。在进行攻防练习时，根据训练的目的和任务的不同，可调节运动员技法运用的速度和力量。

（四）模拟练习

模拟练习是把比赛中运用技法和战术的片段摘录出来，让一方运动员进行模仿，另一方运动员针对性地实施进攻或反击，以利于运动员技能水平提高的练习办法。模拟练习是提高运动员相生相克使用技法的熟练程度，培养运动员使用技法动作条件反射能力的主要途径。模拟练习的训练效果关键取决于模仿者模拟技法和战术片段的准确性。模仿者的技法动作一定要符合比赛时的运动规律，包括动作状态、速度、力量、距离、心理、神态等，必须做到逼真、到位。练习者选择针对性的技法必须符合相生相克的原理，动作必须及时、准确，以利于培养时机感和距离感。运动员可穿戴护具和拳套进行练习，以利于提高运动员在模拟的诱导信号出现后，按比赛要求快速、有力地发出攻击性动作，提高技法运用的实效性。

（五）条件实战练习

条件实战是指有条件限制的实战对抗练习。这是初学阶段或根据阶段训练内容为提高运动员的某种技能而设置的一种常见的训练手段，具有较强的针对性，是进行完全实战的基础。条件实战可以根据需要按照内容分门别类地进行。例如，规定拳法实战、腿法实战、拳法对腿法实战，一方专门进攻，另一方专门防守或反击，等等。条件实战的好处在于可以降低运动员的心理压力，专注某方面技法的使用与提高,有助于运动员快速形成特定的攻防条件反射。条件实战的双方运动员,必须严格按照教练员规定的条件、内容进行,如果超出范围对方没有防备则容易受伤。

(六)实战练习

实战练习是两人按照武术散打竞赛规则的要求，进行对抗比赛的练习方法,是提高运动员竞技能力最有效的手段。实战练习既能全面检验其训练方法的训练成果,展示技术水平,衡量竞技能力,总结、积累实战经验,又能发现运动员在智能、技能、体能、心能等方面存在的问题。实战练习从方法上来讲,最符合一切从实战出发的客观条件,运动员体验真打实摔的运动感觉,能直接感受实战动态变化的真实情况，总结使用技法成功的经验和失败的教训，从而建立符合客观条件的动作条件反射能力。但是过多的实战练习,运动员容易出现运动损伤,产生厌战情绪。因此,实战练习的安排要适时、适度,不能过于频繁。

二、武术散打运动员技能训练的要求

武术散打运动员的技能训练，一方面是使基本技术建立正确规范的动力定型,另一方面是在实战条件下,根据双方姿势状态变化的需要,对不同方向、距离、角度、位置使用基本技术进攻和反击时,在保持基本技术规范合理的前提下,对基本技术的动态调节运用要达到娴熟。运动员运用基本技术动作时,从观察、判断、选择时机、选择动作、选择部位到瞬间完成一系列复杂的操作过程,都要力求准确有效,以期在比赛中能达到自动化的程度。为了有的放矢地提高技能水平,使运动员尽快掌握和形成动态条件的反射能力,在训练时必须提出严格的训练要求来规范运动员的行为。

(一)不能有错误

运动员在平时训练过程中,出现观察、判断、进攻或防守反击等方面的错误是客观存在的。运动员面对武术散打复杂的技术体系以及千变万化的动态攻防对抗,不可能不出现错误。正因为如此,武术散打技能训练的目的就是要尽量减少运动员出现错误,提高运动员进攻或反击的成功率,武术散打技能训练的过程就是一个减少错误的过程。在武术散打技能训练中,尽量减少运动员在实战中出现的错误可以作为一个硬性指标。如果在观察、判断、选择时机、选择动作、选择部位等方面出现一些较为复杂而且不易纠正的错误时,要及时地进行技术原理上的分析或提示，使运动员知其然还要知其所以然，这样才能提高运动员改正错误的主动性和自觉性。

在训练实践中，运动员通过本体感受器来进行自我控制和调整动作技术的规范性；而需要人体第二信号系统来完成的动作条件反射性的错误，由于受人体本能第一信号系统动作条件反射能力的干扰，建立依靠第二信号系统来完成的动作条件反射特别困难。教练员要有不厌其烦纠正错误的态度，不断改善训练方法，尽量强化、加深运动员第二信号系统动作条件反射的痕迹，直到对某种诱导信号建立正确效应结果的动作方案达到自动化的程度之后，某一个错误才有可能消失。

（二）不能漏时机

漏时机是指使用技法的机会出现后，运动员没有采取进攻或反击措施的行为。不能漏时机是为了督促运动员养成多抓时机的意识和习惯而提出的训练要求。根据武术散打动作与动作之间相生相克的原理和运动员在实战中动作姿势状态存在的客观规律，所有的运动过程都存在进攻或反击的机会。武术散打技法运用对策提出的“内动打抢攻、小动打迎击、大动打反击”，就是针对所有情况提出的具体办法。在进行模拟实战、条件实战、完全实战训练时，运动员无论是“内动打抢攻、小动打迎击”，还是“大动打反击”，由于受到选择时机的认识能力、选择技法的熟练程度、身体素质的水平等方面的影响，会出现“有机可乘”而不采取相应行动的情况。为了培养运动员多抓时机的意识，尽快建立操作相应技法的条件反射能力，教练员必须及时纠正，特别是出现漏掉“小动打迎击、大动打反击”的机会，要反复模拟练习，直到掌握为止。

在比赛过程中，运动员习惯等待有把握的时机出现之后再采取相应的进攻或反击措施，对很多时机的出现没有反应，长时间对峙或消极等待，一方面浪费了大量得分的机会，另一方面严重阻碍了武术散打运动员技法运用的全面拓展。运动员在比赛中要想抓住任何得分的机会，关键是要教练员和运动员对各种时机、各种动态采取相应对策有理性认识，同时还必须有培养运动员具备相应能力的训练手段，二者缺一不可。在武术散打技能训练的过程中，对运动员提出“不能漏时机”的要求，就是针对这种情况提出来的，目的是培养运动员不断地认识时机、发现时机、多抓时机，多出动作，多得分数的能力，尽快建立对各种时机采取行动的条件反射能力。运动员如果漏了时机要即刻采取措施进行重复训练。

（三）不能往后退

不能往后退是针对在对方运动员向前移动或发出进攻动作时，不采取进攻或反击的手段，而是向后退让或闪躲的行为而提出的训练要求。俗话说“一退三空”“狭路相逢勇者胜”。不管是对方用拳法、腿法还是摔法进攻，只要在进攻的瞬间往后退，就能很容易躲过对方的攻击，不被击中。从防守的角度来讲，退防是一种防守方法，但是退防的最大缺点就是失去了自己进攻或反击的最佳得分机会。对方的动作越大，反击越容易得分，由于只后退防守而不直接反击或者边防守边反击，从采用技术的角度来看，与相生相克地选择相应动作的原理是背道而驰的。后退躲闪属于人的“第一信号系统”产生的动作条件反射，只要对方发出移动或进攻，运动员会本能地采取退防的措施，想改变这种天生的习惯很困难。专门提出“不准往后退”的训练要求，就是为了重点改变退防不能得分的状况，强化运动员依靠人体“第二信号系统”建立的“小动打迎击、大动打反击”的动作条件反射能力，体现武术散打运用技法的先进性。

不能往后退是专门针对技能训练提出的要求。当然，在比赛中为了合理地后退防守接反击动作，或者为了调整比赛的节奏，调整自己的体力，避开对方的锋芒等，具有技术需要或战术目的的闪躲后退，不属于“不能往后退”的内容范围。

第二节　武术散打运动员的战术训练

武术散打战术，是根据比赛双方的各种具体情况，为战胜对手而采取的谋略和方法。武术散打战术的形成与运用是建立在运动员技能、体能、心能基础之上的。武术散打运动员的战术训练一般包括树立正确的战术指导思想，丰富战术知识，培养战术意识和熟练战术行动等基本内容。只有在正确的战术指导思想下进行训练，努力提高战术训练质量，才能使运动员建立起良好的战术体系，培养良好的战术意识，提高战术水平。

一、武术散打战术训练的任务

（一）丰富战术知识

战术知识是运动员掌握战术内容和提高战术能力的基础。战术知识主要包括战术理论和战术实践两个方面的内容。战术理论是指与武术散打战术相关的各种理论知识，战术实践是指武术散打战术理论与方法在比赛中运用所获得的体验。通过理论学习和实践体会等各种途径，使运动员尽可能地认识、理解和掌握武术散打运动的战术规律，其中包括武术散打战术运用的原则，各种具体战术形式的作用、运用条件、行动方案等。战术知识的丰富必须依靠战术实践的体验来积累，从实践中获得的感性知识上升到理论知识以后，再用理论知识去深入指导实践。

（二）培养战术意识

战术意识是运动员在比赛过程中，实施战术行动时所表现出来的思维活动。主要反映在使用战术的自觉性、行动的预见性、判断的准确性、动作的目的性、攻防的主动性、方法的隐蔽性和战术的灵活性等方面。运动员每一个战术的运用都受战术意识的支配，培养运动员的战术意识就是提高运动员在复杂多变和艰难困苦的人体格斗中，根据场上比赛的实际情况，合理、有效地实施自己战术行动方案的能力。

培养战术意识是战术训练的中心环节，战术意识的培养是一个长期的过程。在平时的训练实践中，要主动地利用各种机会因势利导，结合训练内容进行战术知识的传授，对战术运用比较分析，使运动员的战术意识能够循序渐进地加强而厚积薄发。

（三）熟练战术行动

战术行动是运动员实施战术意图、计策、谋略的具体方法。丰富战术知识、培养战术意识的目的，最后都要落实到战术行动上，而且要通过比赛的实践来体现。因此，战术训练的主要任务就是培养运动员熟练地掌握和运用各种战术形式。武术散打的战术形式是为了完成战术意图而由各种动作组成的具体方法。运动员对各种战术形式要全面地理解和熟练掌握，才有可能在比赛中表现出高超的战术能力和战术水平。

（四）提高战术质量

在战术训练中，不仅要求运动员全面地掌握战术形式的具体使用方法，而且要求在实施过程中保证较高的质量，并严格按照实战的要求去训练。战术动作的力量、速度、时机、判断、反应、节奏、方向、距离和角度等，都应保质保量地去完成。

战术训练与身体训练、技术训练、心智训练有着密切的关系。身体训练、技术训练、心智训练是战术训练的基础，而战术训练又是前者综合能力的反映和延伸，在训练中要科学地安排，协调地发展。

二、武术散打战术训练的方法

（一）理论讲授法

理论讲授法是以语言表述为手段，对武术散打战术知识进行专门传授的教育过程。教练员可通过理论讲授的形式，对战术的概念、战术的特点和作用、战术的表现形式、战术训练的任务和要求等战术知识进行全面系统的讲解，使运动员对战术有初步的认识。

（二）战例分析法

战例分析法是指从比赛的录像中，选择有关各种战术形式运用的典型案例，组织运动员观看并进行深入的讲解分析，使运动员对各种战术形式的运用有深刻的理性认识。战例分析既可以选择战术运用比较成功的典型案例，也可以选择战术运用不好的案例，借助声像的直观印象，启发运动员的综合分析能力，提高运动员的战术思维能力。

（三）战术想象法

战术想象法是指为了熟练记忆和掌握各种战术形式，运动员假设自己“身临其境”，采用空击的方法完成各种不同的战术形式。如设想对方采用“主动抢攻”，自己即可用相应的“反击战术”而破之。这种练习可以一个战术反复练习，也可多种战术结合练习；可以单法练习，也可以配套练习。总之，可以设想各种情况进行假想空击，也可将沙包、树干、假人等作为目标进行训练。这种想练结合的方法，与实战要求越接近越好，主要目的是培养战术意识，掌握各种战术形式的具体用法。

(四)战术模拟法

战术模拟法是对不同的战术形式按照比赛的实际状态进行反复练习的一种方法。模拟法是战术训练的主要手段。例如，模拟主动进攻型的对手、模拟防守反击型的对手、模拟重拳重腿的对手、模拟擅长拳法的对手、模拟擅长腿法的对手、模拟擅长摔法的对手，以及模拟比赛中的各种特殊情况等。要求模拟者动作逼真，以提高练习者的适应能力和战术运用能力。模拟训练应逐步加大难度，可由慢到快，虚实结合，由固定到活动，由单一的打法到多种打法，逐渐增加难度，逐步增加对抗的强度，以提高多种战术的综合运用能力。

(五)条件实战法

条件实战是根据某种战术训练的需要，一方运动员使用适合某种战术的专门技法，另一方运动员使用破解这些技法的战术，双方运动员在教练员规定的范围内进行实战训练。其方法有限制进攻或防守动作的实战对抗，限制击打力量的实战对抗，限制击打部位的实战对抗，规定使用技术、战术的实战对抗等。不管条件实战的内容如何规定，其着眼点都应该放在培养运动员的战术意识和提高战术运用的能力上。条件实战时，可以采用固定对手，也可根据需要轮流“坐庄”，教练员应视情况随时可以暂停，分析运动员战术运用的成功之处或存在的问题，讲解之后再继续练习。

(六)实战比赛法

实战比赛是以战术运用为主要内容，以提高战术能力为主要目的而进行的实战对抗。练习时比赛的条件和环境应按照竞赛规则的要求，训练和培养运动员运用战术的能力，丰富临场比赛经验，并可根据比赛需要，安排有特定条件的对抗实战。如一场三局中每局轮换一个对手的比赛，不同体重级别、不同技术水平之间的对抗比赛，组织高水平队伍的交流赛、互访赛等。“既得艺，必试敌。”实战比赛是训练和检验运动员战术运用效果和能力的重要途径，应及时地进行总结，养成研讨的良好习惯。

第三节　武术散打运动员的心理训练

所谓心理训练，就是通过各种手段有目的、有意识地培养运动员具有良好的心理品质和个性心理特征，具备从事武术散打专项所需的优秀心理素质，使运动员在参加武术散打训练和比赛时能够有效地调节和控制自己的心理状态，为获得最佳训练效果和争取优异成绩而进行的训练。

一、武术散打运动员心理训练的内容

（一）一般心理训练

一般心理训练是在日常的训练中培养和发展运动员所必备的基本的心理品质和心理能力的训练过程。一般心理训练在运动训练的全过程都可以安排，主要包括培养运动员从事武术散打运动所需的兴趣、能力、气质、性格等个性心理特征，发展感知觉、运动表象、形象思维、想象力以及情感和意志品质等心理过程，培养注意品质，包括注意的稳定、注意的集中、注意的转移和注意的分配等。

（二）赛前心理训练

赛前心理训练是在具体比赛之前的较短时期内针对比赛内容使运动员掌握自我调节心理状态的方法，最大限度地适应比赛要求，做好参赛的心理准备的专门训练过程。赛前心理训练包括使运动员明确比赛任务，激发良好的比赛动机，建立夺取比赛胜利的信心，消除各种不利于比赛的心理障碍，使运动员学会调节和控制自己情绪，在复杂变化的比赛情况下能够保持积极稳定的心理状态，以确保运动员技术、战术水平的充分发挥。针对一次武术散打比赛的赛前心理训练可在赛前一个月开始。一次武术散打比赛中，运动员一般需要在几天之内连续参加多场次的比赛，因此，在一场比赛前后，甚至利用局间休息的时间也可以进行心理调控，其重点是要让运动员保持良好的状态、稳定的情绪。

1.确定比赛目标

在比赛前，根据对手的身体、技术、战术、心理水平等各方面的信息，结合自身的实力，设置合适的比赛目标，以便让运动员充分发挥技、战术水平。设置目标过高或过低会增加运动员的心理负担，阻碍运动员技、战术水平的发挥。

2.调整比赛动机

运动员参加比赛的动机是多种多样的，其性质各有不同。此时，教练员应根据运动员的不同特点，通过各种形式的教育，让运动员形成为集体争光、为祖国争光的崇高的社会动机，这种正确的社会动机对运动员的行为才会有持久的推动作用。相反，如果运动员仅仅只有个人动机，那么他在比赛中往往会患得患失、注意分散、判断不准、反应不快、表现失常。运动员应根据自己的情况，调整好动机，以利于充分发挥自己的水平。

3.收集比赛信息

武术散打比赛信息的收集包括比赛的时间、地点、参赛人数，比赛采取的形式，比赛地点的气候条件、饮食习惯、场馆条件、观众、裁判等，特别要收集主要比赛对手的详细信息，包括身体素质、技术特点、战术意识、心理素质等。不确定的环境常常是诱发运动员心理应激的重要根源，所以在比赛前教练员要对上述各方面的信息加以收集，并让运动员熟悉这些信息，以消除紧张情绪。

4.调节情绪状态

武术散打运动员在赛前应尽快地调整到最佳情绪状态，最佳情绪状态是心理准备的主要内容。赛前的情绪表现是运动员对即将到来的比赛的“超前反应”之一，这种反应在身体上、心理上都会有所表现，特别是情绪方面的表现更为明显。情绪表现在形式上和程度上因人而异，有的急躁、焦虑，有的恐慌、畏惧，有的乐观，有的自信，有的淡漠、消极。教练员应引导他们对情绪进行有效的、恰到好处的自我控制和调节，以达到最佳状态。

（三）赛后心理调节

运动员在经过了高强度激烈对抗的武术散打比赛后，身心会产生深度的疲劳，这时的心理调节极为重要，同样是心理训练的重要组成部分，最关键的是要让运动员能够正确地对待成功或失败的情绪体验。对于获得优秀成绩的运动员，在充分肯定其比赛中积极的情绪体验的同时，还要注意消除因胜利而掩盖了的比赛中消极的情绪体验，以及由于不能正确地对待比赛胜利而产生的骄傲自满等不良的情绪体验，对比赛的结果进行正确的归因。对于在比赛中尚未获得好成绩的运动员，需要帮助他分析比赛失败的原因，及时消除因一次比赛的失败而产生的消极情绪，多正面积极地鼓励，以使运动员不畏挫折、积极进取。

二、武术散打运动员心理训练的方法

（一）意念训练法

意念训练是指通过积极的思维，借助想象或运动表象进行自我心理暗示，以改善运动员个性心理特征和心理过程。例如，在学习技术时想象动作技术过程、动作形态；还可以用一定的“套语”进行自我暗示，以集中注意力；想象比赛中出现了什么情况，自己采用相应的办法应付；想象对手是一个“左撇子”，自己采用什么技、战术同他交手等，以此做好参赛的心理准备。在赛前应用积极的暗示语言进行自我动员和自我鼓励，控制和调节赛前状态，使自己的身心获得放松等。

（二）诱导训练法

诱导训练是通过他人的语言信号或其他途径(如录像、录音等)的外界刺激来引导运动员按照预定的要求去执行的心理训练方法。鼓励、启发、说服、举例，乃至批评等都是常用的诱导方法。教练员还可以应用一些直观的方法，如动作示范、视频、图片等向运动员传递特定的、感兴趣的信息，把运动员的注意力及思维引导到有利于武术散打训练或比赛的方向上去，并按照预定的要求实施。

（三）模拟训练法

模拟训练是通过在训练中设置与未来比赛时可能出现的各种相似的情况，使运动员在近似比赛的条件下，锻炼和提高对正式比赛心理适应能力的训练方法。武术散打比赛前经常采用的有模拟同级别对手的技术和战术打法特点、模拟比赛场景和环境、模拟比赛的日程安排及作息制度等模拟方法。其关键是要尽量掌握未来比赛的信息，以便使模拟训练时所设置的条件尽可能与正式比赛接近。

三、武术散打运动员赛前常见心理障碍及克服的方法

（一）想赢怕输

运动员在赛前一方面对比赛的胜利期望过高，另一方面怕输给对手而产

生矛盾的情绪状态，都会导致赛前过度紧张、精神亢奋、没有食欲、很难入睡、自信心下降等情况。这对运动员身心的消耗极大，使得运动员在比赛前就感到乏力，上擂台比赛时想进攻又怕遭到对手的反击，优柔寡断，过多注意比赛得分，而不是考虑如何发挥自己的技术、战术。

克服想赢怕输重要的一点就是要引导运动员把思想集中在比赛的过程上，多考虑比赛时如何发挥自己的竞技水平，不要考虑比赛的结果。教练员赛前避免过分强调比赛的重要性或对运动员提出过高的要求，让运动员多回忆过去比赛成功时的体验，帮助运动员提高自信心和稳定情绪，正确对待比赛结果。

（二）惧怕对手

有的运动员在赛前不相信自己的实力，对比赛缺乏必胜的信心。这种惧怕的心理会使大脑皮层的控制系统紊乱，情绪低落，自信心下降，引起运动员机能失调，消极对待比赛，在擂台上不能发挥出应有的水平。新手或是遇到名气大的对手时经常会出现这种情况。

克服惧怕对手心理障碍的关键是要帮助运动员树立自信心，正确对待比赛，激发运动员的斗志，把消极的情绪转化为积极的情绪。要帮助运动员分析自己，分析对手，找到有望战胜对手的有效方案。此外，要教育运动员摆正自己位置，平衡自己的心态，放开手脚，尽力打出自己的水平即可，不要过多地考虑是否一定能够战胜对手。

（三）盲目自信

运动员赛前过高地估计自己，而过低估计比赛对手的实力，甚至对比赛的对手不屑一顾，相信自己能够轻易取胜，即俗话说的“轻敌”，这种盲目自信的心理会使运动员注意力分散，注意强度下降，不重视即将开始的比赛，对比赛不做认真的准备，自以为是，比赛时一旦遇到意想不到的困难和挫折，便心情急躁，或乱拼乱打，或束手无策。

预防运动员产生盲目自信的关键，是赛前要教育运动员认真对待每一场比赛，充分估计在未来比赛中可能出现的各种困难和挫折，做好打硬仗的准备，使运动员做到遇强不惧，逢弱不懈，胜不骄，败不馁，始终处于良好的战斗准备状态。

（四）注意分散

运动员在比赛前由于主观和客观的因素，不能把注意力集中在即将开始的比赛方面，即通常所说的“分心”，以致赛前胡思乱想，赛中反应迟钝。

克服注意分散要从平时的训练抓起，在日常的训练中要培养运动员专心致志、认认真真的习惯。可以进行一些专门的注意调节训练，在赛前通过模拟训练提高运动员抗干扰的能力，赛前准备活动时想象如何与对方交手，比赛时通过自我暗示，使注意力集中在比赛上。

（五）兴奋过度

运动员在赛前不能把自己的兴奋水平调节在适宜的程度，把兴奋控制在适宜的时间，兴奋过头或兴奋过早。兴奋过头会使运动员思维能力降低，注意力不能集中，情绪激动，比赛时动作变形；兴奋过早，则赛前无谓地消耗了大量的能量，上了擂台感到四肢发僵，软弱无力，不能正常发挥竞技水平。

预防运动员赛前兴奋过度的关键，是要在平时的训练中通过各种心理训练的方法提高运动员的自我控制与调节能力，使运动员赛前的兴奋适宜、适时。此外，通过赛前适时、适量的准备活动也可以调节运动员的兴奋水平，防止赛前兴奋过度。

（六）消极淡漠

运动员在赛前兴奋水平下降，表现为无精打采、意志消沉、情绪低落、体力下降，对比赛缺乏信心，甚至无意参加比赛。

克服运动员消极淡漠的方法是帮助他端正比赛态度，重树比赛动机，和运动员一起分析对自己有利的条件，制订出具体的比赛方案，增强运动员的自信心，鼓舞斗志，激发参赛热情。此外，要防止运动员赛前过度训练。

第四节　武术散打运动员的体能训练

武术散打运动员的体能是指运动员机体的运动能力。这种运动能力是支撑运动员技术发挥的物资系统，为运动员技能的完成起到了物资供应的保障作用。运动员体能的影响因素，包括身体素质、身体形态两个方面的内容。身体素质是关于速度、力量、耐力、柔韧、灵敏等方面的运动能力，身体形态是关于机体外形高矮、胖瘦，四肢和躯干不同比例方面的运动能力。比赛中，运动员在快速使用单个技术或组合技术动作的过程中，需要具备较强的无氧代谢能力。运动员在寻找时机，思考如何使用战术时，在没有发出技法动作的短暂间歇期内，为了给下一次攻击积蓄能量，需要运动员有较好的有氧代谢能力。在激烈对抗的条件下，持续不断地发出动作，运动员需要强大的乳酸代谢能力。因此，武术散打运动员身体机能的特点，是以无氧代谢能力和抗乳酸能力为主。了解武术散打技能的运动特点和体能需求以后，才能够针对性地安排相应的训练内容，并采用符合武术散打运动实际情况的训练手段。武术散打运动员的体能训练，主要是以发展运动员的身体素质为主要内容。

一、武术散打运动员的力量训练

武术散打运动员的力量是指人体的肌肉和神经系统，在工作时克服或对抗阻力的能力。运动员使用技法击中、摔倒对方，在比赛的有限时间内，始终保持高效率的攻击能力，必须要有强大的力量来支撑。具体表现在上肢拳法的打击力量，下肢腿法的打击力量，使用摔法肢体做功的力量三个方面。使用拳法、腿法时需要快速力量；使用摔法和双方运动员互相较劲时需要最大力量；在持续激烈的相互攻击中，运动员的动作不能变形，力量不能减弱，需要力量耐力。因此，武术散打运动员的速度力量、最大力量、力量耐力是力量训练的主要内容。

（一）发展速度力量的训练方法

1.采用极限重量的60%～80%，以基本动作三分之一的幅度举起重物，然后迅速放下，再立即以极限速度举起。每组次数3～5次，完成3～5组，组间休息30～60秒。

2.采用极限重量的30%～50%，以极限速度重复7次，完成3～5组，组间休息30～60秒。

3.采用等同比赛阻力的负荷，进行持续时间为6秒钟的等长练习，间歇2分钟，重复2～3次。再以极限重量的40%～50%，以极限速度练习4～6次，重复2组，组间休息1～2分钟。全套动作重复2次，中间间歇2～3分钟。

4.各种拳法、腿法动作的快速击靶，要求以最快的速度、最大的力量完成。

每组完成8～12次，每次完成5～10 组，间歇时间视练习时间而定，练习时间持续越短间歇时间越短，练习时间持续越长间歇时间越长，间歇时间以30秒为起点，随练习时间延长而延长。

以上各种练习，可根据武术散打技法动作的需要设计出多种组合，以发展运动员专项的速度力量和爆发力。

（二）发展最大力量的训练方法

1.重复训练法：其特点是负荷重量的大小随着肌肉力量的增大而逐渐增加。此法有利于改进用力的协调性，能迅速而有效地提高肌肉力量，适用于训练的各个阶段和时期。负荷强度为75%～90%，每组重复3～6次，完成6～8组，每组间歇时间为3分钟。

2.强度训练法：其特点是采用最大的负荷进行练习。训练时逐渐达到用力极限，然后继续用中上强度的负荷量，直到机体对刺激产生劣性反应为止。此法特别适合高水平运动员使用，它有利于最大力量和相对力量的提高，却不增大肌肉的体积，不增加体重。采用这种训练方法需要较好的体力和心理准备，还需要丰富的营养和良好的恢复手段作保证。负荷强度为85%～100%，每组重复1～3次，完成6～10组，每组间歇时间为3分钟。

3.阶梯式训练法：其特点是突出极限强度，几乎每个练习都要接近、达到甚至超过本人当天的最高水平。经过一段时间的训练以后，当原来的最大重量能够成功完成3次以上时，就可以适当继续增加重量。以此类推，使运动员的力量水平逐级提高。负荷特征以90%的强度练习3组，每组重复2～3次；以97.5%的强度练习2组，每组重复2 次；以100%的强度练习2组，每组完成1 次；以100%以上的强度练习1～2组，每组完成1次。以上练习的间歇时间均为3分钟。

4.极限训练法：其特点是进行极限数量的动作重复，直到实在练习不动为止。此方法对机体施加了全面、深刻的结构性（肌纤维增粗）和机能性（心血管系统）的影响，是一种能得到肌内协调和肌纤维体积双重训练效应的方法。负荷强度为50%～75%时，每组重复10～12 次，组数为3～5 组，每组间歇3～5分钟。

5.静力训练法：其特点是用较大重量的负荷并以递增重量的方式进行练习。负荷为90%以上的强度，每组持续3～6 秒，组数为4组，每组间歇时间为3～4 分钟。

（三）发展力量耐力的训练方法

1.循环力量训练法：运用各种类型力量训练方法的参数，选择若干练习手段，组成不同内容的“练习站”，并以循环的方式进行练习。循环练习可设计为发展最大力量、速度力量、力量耐力或综合力量的各种训练方案，整个循环使身体的各个部位和各肌群都得到锻炼。武术散打力量耐力的循环练习通常采用3～5个“练习站”，每个“练习站”循环3～4次，总持续时间为20～30分钟。

2.强度负荷法：采用40%～60%的负荷强度，每组完成10～20次，总共进行3～5组，组间休息60～90秒。采用25%～40%的负荷强度，以快速的节奏完成练习，每组重复30次以上，完成4～6组，组间间歇30～60秒。

3.重复训练法：采用低强度负荷的训练手段，例如，体重级别不同的运动员持不同重量的哑铃练习拳法，腿绑沙袋练习腿法，每组重复20～40次，间歇60～90秒。释重后进行短暂、快速的空击动作练习。

二、武术散打运动员的速度训练

武术散打运动员的速度是指在短时间内完成技法动作的能力。“快打慢”“先发先至”“后发先至”，都是对运动员使用技法击中、摔倒对方在动作速度方面的要求。武术散打运动员的速度能力，决定着技、战术运用的成效。武术散打比赛运动员使用技法的内容十分丰富，动作变化多，攻防转换快，攻中有防，防中寓攻，对抗十分激烈。因此，运动员在体能方面速度的表现具有多变性和复杂性，可以分为反应速度、动作速度、位移速度和动作频率四种表现形式。练习强度应在次最大强度和最大强度之间，以最大速度能力的90%～100%完成，持续时间30秒以内，组间休息2～3分钟。

（一）反应速度的训练方法

1.重复反应法：运动员通过视觉观察并完成规定的单一信号应答动作的训练。陪练运动员专门发出“示靶”的信号，训练运动员专门进行“击靶”。重复反应法是教练员事先安排好持靶运动员的“示靶”方法，训练运动员专门采用某一技法进行“击靶”，如此反复地进行练习。达到规定的练习次数或练习时间以后，两个运动员互相交换。武术散打的拳法和腿法可以用此方法轮换反复练习。

2.视动反应法：运动员通过视觉根据观察到的复杂信号进行应答动作的

训练。陪练运动员无规律地发出“示靶”的信号，包括不同的距离、不同的靶位、不同的节奏等方面的变化，训练运动员高度集中注意力，根据“示靶”的不同信号，选择相应的技法和措施（包括步法的移动和动作姿势状态的调节）进行“击靶”。

反应速度练习无论是采用重复反应法还是视动反应法，陪练运动员一旦“示靶”，训练运动员就要以最快的反应速度和动作速度进行“击靶”。陪练运动员的“示靶”到位，训练运动员的“击靶”动作也必须到位，“靶”与技法的击打动作同时在空中的位置交汇，这是反应速度和动作速度训练必须达到的基本要求。

（二）动作速度的训练方法

1.重复训练法：提高武术散打运动员的位移速度、动作速度和动作频率经常采用的方法。重复训练法通常固定训练内容、训练时间、训练难度，反复进行相同的练习。重复训练法不仅仅适用于提高运动员的速度能力，也适用于学习、改善、巩固运动员的基本技术，技法动作的基本技术经过长期、多次的重复练习，才能形成正确的动力定型。

速度性练习效果的好坏，很大程度上取决于运动员完成动作的强度和最大限度动员身体机能的能力。因此，采用重复训练法发展运动员的速度，在进行练习时，应充分调动运动员训练的积极性，将注意力、兴奋点、主观能动性高度集中到以最快的速度完成技法动作上来，并力求超过自身的最大速度能力。

2.变速训练法：一种有节奏地变换速度练习强度的练习方法。运动员过多地采用极限强度的练习，特别是极限强度持续重复相同技法动作的练习，会导致“速度障碍”的出现。如果还是采用相同的训练方法和相同的难度，速度能力不但不会提高反而会下降。在不同的训练课中，有节奏地变换速度训练的强度，会给运动员有一种新的速度感觉，引起心理和生理上的新变化，中枢神经系统和肌肉协调将重新适应新的要求。变速训练法既可消除极限强度训练单一化的弊端，又有利于轻松省力地完成技法动作，是有目的、有计划地提高速度能力和预防“速度障碍”的有效训练措施。

3.刺激训练法：这种方法在速度训练时，教练员采用各种手段激发运动员的机体能力，在后效应作用下提高速度训练的效果。

(1)预先爆发性用力刺激：在专项速度训练之前，先完成1～2组上肢或下肢爆发性用力的练习，通过充分调动机体进入良好的工作状态，来提高速度性练习的工作效率。

(2)递减阻力练习：在专项速度训练之前，运动员进行由重到轻的负重训练。阻力的降低，对于提高动作的速度有良好的训练效果。例如，上肢先采用拳击棒、哑铃、负重拳套，下肢先采用沙袋绑腿进行技法空击，然后解除负重进行空击。

(3)声响节奏引导训练：教练员通过掌声、哨声发出动作速率的指令，运动员完成技法动作尽量跟上声响的快速节奏，用声响来刺激运动员加快动作速度。

三、武术散打运动员的耐力训练

武术散打运动员的耐力，是指人体在长时间负荷下，抵抗神经、肌肉疲劳以及疲劳后迅速消除的能力。武术散打比赛采用三局两胜制，每局比赛两分钟，运动员互相格斗对抗，拳打脚踢外加摔，体力的消耗很大，对手运动水平越高体力的消耗越大。能不能在激烈对抗的终结前保持充沛的体力，有没有很强的耐力素质对比赛的胜负有十分重要的影响。运动员的耐力素质分为有氧耐力、无氧耐力和混氧耐力三种表现形式。运动员在格斗对抗时依靠无氧耐力，在互相寻找机会时依靠有氧耐力，在全场比赛中，运动员既需要有氧耐力也需要无氧耐力。在训练竞赛过程中，无氧耐力差的运动员，在几个回合的高强度运动冲击中上气不接下气，导致体能迅速下降。有氧耐力好的运动员与无氧耐力差的运动员正好相反，在运动过程中，虽然能够长时间地保持体能不下降，但是拳法、腿法、摔法的速度、力量达不到武术散打所需要的运动强度。针对这种情况，武术散打运动员既要注重无氧耐力的训练，也要注重有氧耐力的训练，使无氧耐力和有氧耐力互相补充，从而保证运动强度的持久性。

(一)提高有氧耐力的方法

1.长时持续训练法：武术散打训练一般安排20～30分钟，负荷强度的运动心率指标约为150次/分。用于提高心脏保持机能活动水平不变的持续活动能力，发展运动员有氧代谢系统的供能能力，是发展一般耐力最有效的运动形式。

2.短时持续训练法：持续时间为5～10分钟，负荷强度的运动心率指标约为160次/分，完成2～3组，组间间歇时间与训练时间基本相同。发展有氧强度状态下的供能能力，一般采用不同训练内容的循环组合方式。

3.有氧间歇训练法：主要用于发展运动员有氧代谢系统的工作能力。练习的负荷时间为6～10分钟，运动员负荷强度的心率指标约为170次/分，练习的组数不宜安排很多，一般2～3 组。

（二）提高无氧耐力的方法

1.强化性间歇训练法：采用单个或组合动作进行空击、打靶或打沙包的练习形式，用最大的负荷强度，负荷时间通常为3分钟之内，负荷强度使心率指标控制在最高水平，间歇时间待心率下降到130次/分，即可进行下一组的练习。

2.持续性间歇训练法：采用空击或击靶的练习形式，负荷时间通常为3~5分钟，要求完成每个动作的强度不变，发出动作的频率、密度可以进行变化，有时频率、密度高，有时频率、密度低，高低穿插进行，负荷强度的心率指标，最高可达180次/分。这种方法主要用于提高非乳酸能和乳酸能系统混合供能能力和速度耐力。

（三）提高混氧耐力的训练方法

1. 12分钟跑：12分钟跑是提高人体心脏机能水平的有效练习，要求运动员在12 分钟内跑2800～3000米，随着训练水平的提高逐步增加距离。

2.变换强度跑：主要用于提高人体心脏对高变强度运动的适应能力。可采用快速跑20～40米，接着进入40～60米的慢跑，如此重复6～10 次，完成2～3组，组间不用充分的恢复。

3.模拟强度练习：模拟武术散打比赛的时间特征，运动强度变化特征和运动形式的特征，采用空击、打靶或打沙包的练习形式，每组持续练习3分钟，间歇1分钟，重复练习3～5组。

4.专项对抗练习：运动员一人对一人，一人轮流对多人，高强度、高密度、多重复、短间歇地对抗练习。一人对多人时，不同的人可以采用不同的技法进行攻击。越是激烈的对抗比赛，越能发展武术散打运动员所需要的混氧耐力。

四、武术散打运动员的柔韧训练

武术散打运动员的柔韧，是指身体各关节的活动幅度和肌肉韧带的伸展能力。武术散打对运动员的柔韧素质有很高的要求，如果运动员肩、腰、髋等关节的柔韧性不能超过技法最大活动范围的要求，由于肌肉、韧带的僵硬，动作受到肌肉、韧带的限制牵拉，不仅会使动作幅度小，影响到动作的协调性和灵活性，而且会影响到动作力量和速度的发挥，还容易使运动员的身体受到损伤。

（一）动力拉伸法

动力拉伸法，是指先用力将相关肌肉和韧带下压至极限或次极限程度，然后放松回到原来的位置，如此有节奏地反复运动。动力性拉伸法的好处在于肌肉和韧带拉伸、放松刺激的节奏性，不易使被拉伸的肌肉和韧带感到疲劳。

（二）静力拉伸法

静力拉伸法，是指用力将肌肉和韧带下压至极限或次极限程度以后，保持稳定的静止状态。保持静止状态的时间与下压的程度和运动员的柔韧素质有关，下压的强度大，柔韧素质差，固定保持的时间短。不管怎样都以运动员被压的感觉为标准，肌肉和韧带只要没有刺痛感就可以继续加力或继续保持训练。

动力拉伸法和静力拉伸法，有主动训练和被动训练两种形式。主动训练是运动员依靠自己的力量完成，包括动力拉伸和静力拉伸在内的拉伸练习。被动训练是在运动员主动拉伸的同时，教练员或同伴用外力帮助完成拉伸练习。训练中常将动力拉伸与静力拉伸、主动训练与被动训练结合起来进行。

五、武术散打运动员的抗击力训练

抗击力是指人体格斗对抗时，承受对方拳法、腿法击打的能力。在激烈的武术散打比赛过程中，遭受到对方运动员的击打是在所难免的。一旦被对手的重拳、重腿击中，或是遭受对方的重摔，如果抗击能力差，不但会从心理上动摇比赛取胜的信心，影响到技术水平的发挥，而且容易受到伤害，导致比赛的失败。如果有较强的抗击力，能使自己在遭受打击后，仍然能保持清醒的头脑，很快进行自我调整，改变不利局面，为坚持最终取得胜利提供保证。抗击力训练要循序渐进，开始击打的力量由小到大，持续训练的时间由短到长，不可急于求成。通过抗击训练不仅能使肌肉坚硬，而且能使骨骼变得粗壮，对增强运动员的自我保护能力，减少运动员的损伤都具有积极的作用。

（一）自我击打法

自我击打法是指运动员采用方法击打自己的身体部位。例如：用手掌、拳或特制的器材拍打头、手臂、胸部、腹部、腿部；带拳套击打自己的头部，用木棍滚压、击打自己的胫骨；用手臂磕碰树干，用腿撞击沙袋、布人等。

（二）相互击打法

相互击打法是指运动员与运动员之间，相互用拳或腿击打对方的身体部位。例如，带上拳套互相用直拳击打对方的面部，互相用腿法击打对方的胸部、腹部、下肢部位，互相用手臂与手臂撞击，以此来提高头部、胸部、腹部、下肢和上肢的抗击能力。

（三）跌法练习

跌法练习是指运动员采用倒地的动作进行练习的方法。运动员要掌握合理的倒地技术，由轻至重地进行摔跌训练，以增强身体的抗震能力。

问题与思考：

1.简述武术散打运动员技能训练的方法与要求。

2.举例说明武术散打比赛中制长、制短战术运用的方法？

3.比赛中，当被对手逼到擂台边时，如何运用战术？

4.简述武术散打运动员心理训练的主要内容与方法。

5.如果武术散打运动员赛前表现出“盲目自信”，如何克服？

6.武术散打运动员专项身体素质有哪些？

7.简述发展武术散打运动员力量素质的方法和手段。

8.简述武术散打运动员抗击力训练的方法和注意事项。

第六章　武术散打运动的损伤与预防

本章教学目标

1.了解武术散打运动中常见运动损伤的原因。

2.明确武术散打运动损伤的发生规律及预防措施。

3.基本掌握武术散打运动损伤的现场急救与处理方法。

武术散打是一项以踢、打、摔为主要内容，以双方攻防格斗为形式的对抗性极强的体育竞赛项目。所以在进行武术散打专项训练和比赛的过程中就会不可避免地发生运动损伤。发生运动损伤后，运动员就不能参加正常的训练和比赛，不但妨碍运动成绩的提高，而且严重的损伤，可能会引起身心障碍，甚至造成死亡事故。因此，无论是教练员还是运动员，都有必要学习和掌握运动损伤学的知识和技能，充分认识运动损伤预防的重要性和意义，掌握运动损伤的发生规律、特征、预防、诊断、康复和急救原则等，最大限度地减少或避免运动损伤的发生，一旦发生损伤，能采取积极有效的措施得到及时的治疗与康复。

第一节　武术散打运动中常见的损伤及处理方式

一、头面部开放性损伤

在武术散打运动中，最常见的头面部开放性损伤有眼角、面部其他部位撕裂伤，口唇部切割伤，头、面部擦伤。

眼角、面部在受到钝性暴力打击时,可引起受力部位的撕裂;口唇部黏膜可因护齿而致切割伤;当头面部受到拳套的冲击摩擦或头摔地时,可引起头、面部擦伤。

处理:眼角、面部其他部位撕裂伤,轻者可先用碘伏、酒精将伤口周围皮肤消毒,再用消毒纱布覆盖,加压包扎。伤口大、深或污染重者,应及时送医院。

口唇部切割伤,应视口腔黏膜的溃烂和肿胀程度,酌情处理,轻者用生理盐水洗净后用消毒棉球压迫止血即可,重者送医院。

头、面部较小面积的擦伤,先用生理盐水或双氧水(3%)洗净伤口,再涂上消毒软膏即可。大面积的擦伤,易受感染,应先用碘伏和酒精在伤口周围消毒,再用生理盐水清除伤口异物,外敷生理盐水或 0.1%雷夫奴尔纱布,用胶布固定。

二、击昏

击昏是一种近似休克的非常严重的情况,击昏时随之出现的就是机体机能的急剧下降。在武术散打运动中,当下颚、鼻梁、颞部、颈部的侧面、腹腔神经丛部、两侧肋骨下方、裆部受击时,均可引起击昏现象。严重时会全身抽搐,有时虽能站立,但会出现动作失调、步履蹒跚、面色苍白、双目失神、肌肉紧张或身体持续摇晃等现象。

(一)脑震荡

脑震荡是颅脑损伤中最轻的一种急性闭合性损伤。如比赛中头部直接被重拳、重腿击中或从擂台上摔下时头撞击地面,脑的神经组织被震荡而引起大脑暂时性的意识和机能障碍。但脑震荡可与颅内血肿或脑挫伤并存,故应引起重视。伤员经过急救处理后,应静卧休息,严密观察。

处理:急救时,必须让伤员安静、平卧、保暖,保持呼吸道畅通,不可随意搬动和让伤员坐或站立。检查伤员的两眼瞳孔,如发现左右瞳孔一大一小不对称,须送医院急救。昏迷不醒者,可掐人中或嗅以氨水使之苏醒。

(二)腹腔神经丛部、两侧肋骨下方受重击

腹腔神经丛部、两侧肋部受击而引起的击昏现象,是由于内脏器官受刺激及疼痛所致。

处理:暂时性休克,此时意识清楚,经过短暂休息观察后,若很快恢复则可

继续比赛,如仍有不适感觉则送医院治疗。

(三)裆部受重击

睾丸受击而引起的击昏现象,是由于睾丸挫伤疼痛所致。

处理:暂时性休克,经过短暂休息观察后,若很快恢复则可继续比赛。一般情况采用一人抱住伤者腰部,受伤者自己托住裆部向上跳的方法缓解。如果受伤较重,无法站立,可保持短时间的屈腿卧姿,检查时首先看外部是否出血,再看睾丸是否进入腹腔,如有上述情况则应尽快送医院治疗。

三、关节脱臼

由于外力作用,骨头从关节囊脱出。武术散打运动中最常见的是肘关节和肩关节脱位。由于暴力作用还可伴有关节囊撕裂,关节周围软组织损伤,严重时还可伤及神经或伴有骨折。

(一)肘关节脱位

当摔倒时用手撑地,前臂突然被迫外展、旋后,可发生肘关节脱位。

处理:让伤者取坐位,令助手双手紧握患肢上臂,术者双手紧握腕部着力牵引,将肘关节屈曲60° ~90° ,并可稍加旋前,常可听到复位响声或复位的振动感。复位后肘关节适当固定于屈曲90° 的位置上,并用三角巾悬挂伤肢于胸前。随后尽快送医院检查是否有合并骨折发生。

(二)肩关节脱位

当摔倒时,肩关节处于上臂外展,手或肘着地,或上臂在外展位突然过度背伸,或过度外旋时,都可发生肩关节脱位。

处理:伤者仰卧,术者位于患侧,双手握住患肢腕部,足跟置于患侧腋窝,两手用稳定持续的力量牵引,牵引中足跟向外推挤肱骨头,同时旋转,内收上臂即可复位,复位时可听到响声。肩关节前脱位复位后应将患肢保持在内收内旋位置,腋部放棉垫,再用三角巾、绷带固定于胸前。

四、挫伤

挫伤是人体某部位遭受钝性暴力作用时引起该处及深部组织的闭合性损伤。在武术散打运动中,当被对方重拳、重腿击中或踢中,或自己碰到擂台边缘时,都有可能发生挫伤,较为常见的挫伤有:头皮血肿,胸肋部挫伤及肋骨骨折，腹部挫伤，睾丸挫伤，掌（跖）、指（趾关节）扭挫伤。

处理：一般先确认是否有其他并发症。单纯性的挫伤在局部用冷镇喷雾剂或冷水冷敷，也可用弹性绷带加压包扎，抬高伤肢，减缓肿胀。伴有休克症状时应先抗休克，再将伤员放在适当位置休息。睾丸挫伤应卧床以三角带吊起并局部冰敷。胸肋部、腰腹部、头部挫伤伴有严重并发症时应在局部冷敷、止血、止痛处理后急送医院。肌肉、肌腱断裂者在将肢体包扎固定后，送医院治疗。

五、腰部急性扭伤

腰部急性扭伤是腰部肌肉、筋膜、韧带、椎间小关节、腰骶关节的急性损伤，多系突然遭受间接外力所致。俗称闪腰、岔气。损伤可使腰部肌肉、筋膜、韧带、关节囊等组织，受到过度牵拉、扭转，甚至撕裂。

处理：急性腰扭伤一般应卧床休息，仰卧于有垫子的木板床，腰部垫一薄枕，以便放松腰肌，也可以与俯卧位相间交替，避免受伤组织受牵扯，以利修复。伤后即可进行穴位按摩，在人中、肾俞、大肠俞、委中等穴位上施以手法，以产生较强的得气感，一般都能止痛并使腰部活动度增加。此外，急性腰部扭伤后还应配合外贴活络止痛膏，内服活络止痛药以及拔罐、针灸、理疗等方法，以取得更好的疗效。

六、膝关节急性损伤

膝关节的稳定性由骨骼结构、半月板、韧带及有关肌肉共同维持，其中骨骼、半月板、韧带及关节囊为静力稳定结构，肌肉为动力稳定结构。当膝关节不同结构损伤时，其原因也不一样。

（一）内侧副韧带

当膝关节屈曲成130°～150°时，小腿突然外展外旋，或当足及小腿固定，大腿突然内收内旋，都可使内侧副韧带损伤。如当膝关节外侧受到暴力冲击，或做侧踹腿动作踹空而用力过猛时，都有可能造成损伤。损伤程度与扭转力大小有关，严重扭转力会使韧带完全断裂合并内侧半月板撕裂、前十字韧带损伤。

（二）外侧副韧带

由于外侧副韧带呈圆柱状，并有股二头肌腱与髂胫束加固，所以受损的机会较少。当膝关节屈曲，小腿突然内收内旋或大腿突然外展外旋时，可发生外侧副韧带损伤。

（三）十字韧带

膝关节半屈曲位时突然旋转、内收、外展都可能发生十字韧带的损伤，有时是单独损伤，常合并内侧副韧带或半月板损伤。

（四）半月板

膝关节半屈曲位小腿外展外旋或内收内旋时，两块半月板滑动不协调，就会使半月板夹在股骨髁和胫骨平台之间，受到急剧的研磨、捻转而撕裂。

处理：轻微侧副韧带扭伤：疼痛较轻，肿胀不明显，侧向运动试验无异常，无关节屈伸功能障碍的伤员，将伤员膝置于微屈曲位，停止活动，外敷活血止痛中药。如参加比赛，应用粘膏支持带及弹力绷带保护。

较重的侧副韧带扭伤：患处肿胀明显，患膝呈半屈曲位，伸屈功能受限，侧向运动试验无明显异常膝外翻或膝内翻活动。如果患膝疼痛明显加剧，早期处理时应特别注意止痛、止血和保护损伤韧带不至于进一步加重损伤，可采用棉垫或橡皮海绵加弹力绷带加压包扎， 再用托板将患膝固定于微屈位后抬高患肢休息。配合外敷和内服活血化瘀、消肿止痛的中药或理疗。

十字韧带和半月板损伤由于急性期难以作明确诊断，可按重度扭伤处理，如有“绞索”感，必须“解锁”后才能固定，送医院检查治疗。

七、踝关节急性扭伤

组成踝关节的韧带有三组，即内侧副韧带、外侧副韧带和胫腓韧带联合。由于胫腓韧带联合强韧而富有弹性，所以不容易受伤；内侧副韧带面积大，韧带纤维细密而强韧，因而单纯内侧副韧带损伤也较少见；外侧副韧带为最易受伤的踝关节韧带，因此踝关节急性扭伤多为外侧副韧带扭伤，约占80%。踝外侧副韧带扭伤者有足内翻受伤史，踝外侧疼痛，疼痛轻重与伤势有密切关系。

（一）踝外侧韧带扭伤

患足可以持重，跛行，踝外侧轻度肿胀。踝关节强迫内试验可使疼痛加重，踝关节稳定，无异常活动。

（二）踝外侧韧带完全断裂

患足不能持重，跳跃式跛行，外踝剧痛，肿胀严重而且范围大，外踝和足背出现皮下瘀斑。踝关节强迫内翻试验时伤处剧痛，同时有踝关节不稳和距骨异常活动。踝关节前抽屉试验如果活动范围大，说明踝关节外侧副韧带完全断裂。

处理:现场急救处理时立即用拇指压迫痛点(韧带的断裂部)止血,同时作强迫内翻试验及踝抽屉试验,检查是否有韧带断裂。如疑有韧带断裂,应立即用大块海绵垫或棉花块压迫包扎，绷带缠绕的方向应与受伤暴力作用方向相反，如外侧副韧带损伤应将踝关节包扎于轻度外翻背屈位,抬高伤肢运送医院。

外侧副韧带轻度扭伤:用绷带或粘膏支持带包扎后,外敷新伤药。若是比赛中受伤需继续比赛时,可用粘膏支持带固定后继续参赛。

外侧副韧带严重扭伤(踝关节强迫内翻试验出现轻度不稳):加压包扎止血,并用托板将足固定于轻度外翻背屈位,抬高伤肢休息,配合内服活血止痛中药治疗。

第二节　武术散打运动损伤的预防

一、思想重视,科学、合理地安排训练

运动损伤不仅会影响训练、比赛及运动成绩的提高,而且还会影响运动员的身体健康甚至危及生命。所以，要从思想上对运动损伤的预防给予高度重视。武术散打运动是一项激烈的身体对抗运动,它需要运动员有不怕困难的勇气,即使有伤也仍在气势上压住对方是武术散打运动员的必要心理品质之一。但作为平常的训练则需要科学合理地安排,如果运动员在持续疲劳时,仍进行激烈的对抗练习,是造成损伤的主要原因之一;水平悬殊或体重悬殊的对手进行对抗比赛也极易造成损伤。要注重和加强运动员身体的全面训练,提高机体对武术散打运动的适应能力。

二、加强易受伤部位肌肉的力量

加强易伤部位和相对较弱部位的肌肉力量训练,提高其功能,是预防武术散打运动损伤的一种积极有效的手段。如加强股四头肌的力量,就可以减轻膝

关节的负担，减少损伤；加强腰部的力量练习，可防止腰肌劳损及其他情况下腰部的急性损伤；加强上肢力量训练，就能减少肩、肘关节的损伤；多做指力练习，可防止指关节挫伤。

三、杜绝在训练中的嬉戏

由于武术散打运动是运动员身体的直接激烈对抗，有较强的不确定性，存在一定的不安全因素。所以在进行对抗练习时，运动员必须严肃认真，遵守纪律，遵守规则，团结友爱；即使是队友之间的练习，也仍要有一定紧张度，认真练习与揣摩，不能在训练中嬉戏。运动员过度放松与疏忽是训练中造成损伤的主要原因之一。

四、充分地做好准备活动

在进行武术散打练习时，要将肢体的大肌肉群、关节充分活动开，充分地做好准备活动。准备活动不但能使运动员的基础体温升高、肌肉深部的血液循环增加、肌肉的应激性提高和关节柔软性增强等，还能减少训练前的紧张感和压力感，从心理上做好准备，这在很大程度上可以预防运动损伤的发生。

五、重视训练后的恢复措施

武术散打训练的全过程应该包括负荷—疲劳—消除疲劳—恢复与提高这几个环节。因此，科学地掌控训练负荷并使身体恢复会收到事半功倍的效果。运动员在进行高强度、大运动量的训练后，如果不采取有效的措施进行恢复就会导致疲劳的积累，引起过度疲劳和某些局部负荷量的增加，从而引起运动损伤的发生。武术散打运动员应该特别注意体能的恢复和营养的补充；保证充足的睡眠；增加微量元素及矿物质的补充，可以多吃一些新鲜的蔬菜和水果，有利于消除运动过程中积累的酸性产物。另外，还可以根据条件进行按摩、桑拿浴和心理放松等，以加速疲劳的恢复、预防损伤的发生。

六、加强医务监督

国家体育总局武术运动管理中心制定了《武术散打运动员医务监督条例》，在武术散打竞赛中，必须严格执行。除了对临场比赛全过程的监控外，还要在平常的训练中对运动员的生理、生化指标作定期检查，发现问题，早防早治，尽可能地避免或减少运动损伤的发生。

七、加强运动员的武德教育

武术界历来有“崇武尚德”之说，要求习武者“术为根本”“德为先导”。武德作为习武者的一种道德行为规范，目的则在于使武术散打运动作为体育竞技项目得以健康发展。那些不讲文明道德、不讲武德，有意击打禁击部位、以强欺弱，故意致使对方伤残的做法应予摒弃。武术散打运动应在“安全”的前提下，不断推广普及和健康发展。

问题与思考：

1.武术散打运动中损伤发生的原因有哪些？如何预防？

2.简述“击昏”的现场急救应采用的方法与手段。

第七章　简明武术散打竞赛规则与裁判法

第一节　武术散打竞赛规则简介

一、竞赛通则简介

（一）竞赛种类与办法

武术散打的竞赛种类分团体比赛、个人比赛，竞赛办法可采用分级循环赛、单败淘汰赛、双败淘汰赛。

（二）竞赛局数和时间

每场比赛均采用三局两胜制，每局比赛 2 分钟（青年比赛和少年比赛可采用 1 分 30 秒），局间休息 1 分钟。

（三）参赛年龄

少年运动员的参赛年龄为12～15周岁；青年运动员的参赛年龄为16～17周岁；成年运动员的参赛年龄为18～40周岁。

（四）体重分级

少年比赛分39公斤级、42公斤级、45公斤级、48公斤级、52公斤级、56公斤级、60公斤级共7个级别。

青年比赛分48公斤级、52公斤级、56公斤级、60公斤级、65公斤级、70公斤级、75公斤级、80公斤级共8个级别。

成年比赛分48公斤级、52公斤级、56公斤级、60公斤级、65公斤级、70公斤级、75公斤级、80公斤级、85公斤级、90公斤级、100公斤级、100公斤以上级共12个级别。

（五）服装护具

运动员必须穿中国武术协会认定的武术散打比赛服装及护具。比赛服装为同一颜色（红色或蓝色）的短裤和背心各一件。比赛护具分红、蓝两种颜色，包括拳套、护头、护胸；运动员须自备护齿、护裆和缠手带，少年、青年运动员还需自备护脚背。护裆必须穿在短裤内，缠手带的长度为3.5～4.5米。少年、青年运动员，成年女子运动员和男子65公斤级及以下级别运动员的拳套重量为230 克；成年男子70公斤级至85公斤级的拳套重量为280克；成年男子90公斤级及以上级别的拳套重量为330克。

（六）比赛礼节

每场比赛开始前介绍运动员时，运动员向观众行抱拳礼。每局比赛开始前，运动员上台后先向本方教练员行抱拳礼，教练员还礼：运动员之间再相互行抱拳礼。宣布比赛结果时，运动员交换站位。宣布结果后，运动员先相互行抱拳礼，再向台上裁判员行抱拳礼，裁判员还礼。然后向对方教练员行抱拳礼，教练员还礼。边裁判员换人时，互相行抱拳礼。

（七）比赛场地

比赛场地为高80厘米、长800厘米、宽800厘米的擂台，台面上铺有软垫；软垫上铺有盖单，台中心画有直径120厘米的中国武术协会的会徽。台面边缘有5厘米宽的红色边线，台面四边向内90厘米处画有10厘米宽的黄色警戒线。台下四周铺有高30厘米、宽200厘米的保护软垫（图7–1–1）。

二、可用方法与禁用方法、得分标准与判罚

（一）可用方法

可以使用武术的拳法、腿法和摔法。

（二）禁用方法

用头、肘、膝攻击对方或迫使对方反关节的技法。用迫使对方头部先着地的摔法或有意砸压对方。用任何方法攻击倒地一方的头部。青少年比赛可禁止运动员使用腿法击打对方头部或用拳法连续击打对方头部。

（三）得分部位

头部、躯干、大腿。

头部，是指除了后脑以外的面部和头两侧的部位。躯干，是指胸部、腹部、

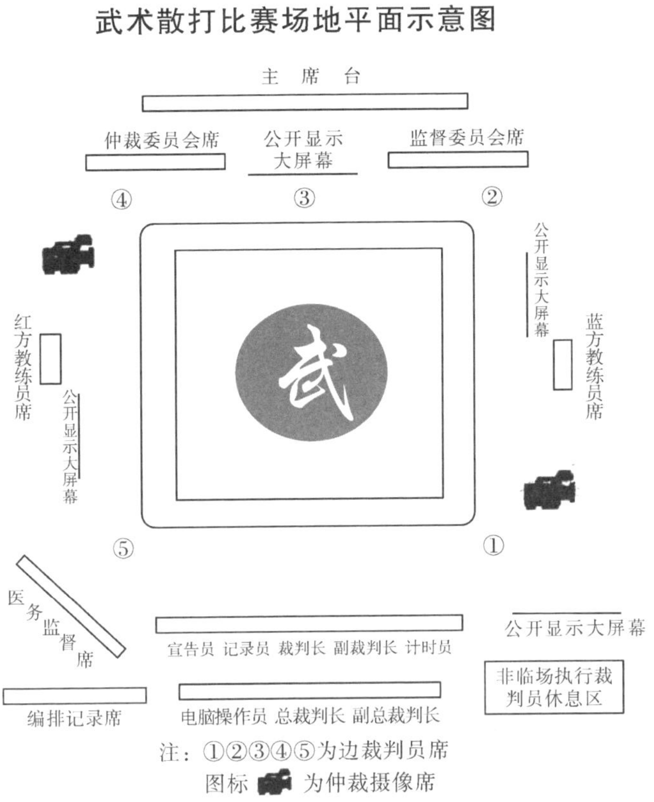

图7-1-1 擂台平面示意图

背部、腰部。大腿，是指髋关节以下、膝关节以上，包括臀部在内的部位。

(四)禁击部位

后脑、颈部、裆部。

后脑，是指头部耳郭垂线以后的部位。颈部，是指人体第一椎骨以下，锁骨以上的部位。裆部，是指人体的阴部。

(五)得分标准

1.得2分

一方下台，对方得2分。一方倒地，站立者得2分。用腿法击中对方头部、躯干得2分。用主动倒地的动作致使对方倒地，而自己顺势站立者，得2分。被强制读秒一次，对方得2分。受警告一次，对方得2分。

2.得1分

用拳法击中对方头部、躯干得1分。用腿法击中对方大腿得1分。双方先后倒地，后倒地者得1分。用主动倒地的动作致使对方倒地，而自己不能顺势站立者，得1分。被指定进攻后5秒内仍不进攻时，对方得1分。主动倒地3秒不起立，对方得1分。受劝告一次，对方得1分。

3.不得分

方法不清楚，效果不明显，不得分。双方下台或同时倒地，不得分。用方法主动倒地，对方不得分。抱缠时击中对方，不得分。

（六）犯规与罚则

1.技术犯规

消极搂抱对方。消极逃跑。处于不利状况时举手要求暂停。有意拖延比赛时间。比赛中对裁判员有不礼貌的行为或不服从裁判。上场不戴或吐落护齿，有意松脱护具。不遵守规定的比赛礼节。

2.侵人犯规

在口令“开始”前或喊“停”后进攻对方。击中对方禁击部位。以禁用方法击中对方。故意致使对方的伤情加重。

3.罚则

每出现一次技术犯规，劝告一次。每出现一次侵人犯规，警告一次。侵人犯规达3次，取消该场比赛资格。故意伤人，取消其比赛资格，所有成绩无效。使用违禁药物或局间休息时吸氧，取消比赛资格，所有成绩无效。

（七）胜负评定

1.优势胜利评定

比赛中，双方实力悬殊，台上裁判员征得裁判长同意，判技术强者为该场胜方。比赛中，被重击倒地不起达10秒（侵人犯规除外），或虽能站立但知觉失常，判对方为该场胜方。一场比赛中，被重击强制读秒达3次（侵人犯规除外），判对方为该场胜方。一局比赛中，双方运动员得分相差达12分时，判得分多者为该场胜方。

2.每局胜负评定

每局比赛结束时，依据边裁判员的评判结果，按胜方色别牌多者为胜方的原则判定每局胜负。若出现平局时，按下列顺序判定胜负：受警告少者为胜方、受劝告少者为胜方、当天体重轻者为胜方。如上述三种情况仍相同，则为平局。一局比赛中，受重击被强制读秒2次（侵人犯规除外），对方为该局胜方。一局比赛中,2次下台,对方为该局胜方。

3.每场胜负评定

一场比赛中,先胜两局者为该场胜方。比赛中,运动员出现伤病,经医务监督诊断不能继续比赛者,判对方为该场胜方。比赛中,经医务监督确诊为诈伤者,判对方为该场胜方。因对方犯规而受伤,经医务监督检查确认不能继续比赛者,为该场胜方,但不得参加后面所有场次的比赛。

循环赛时,一场比赛中如获胜局数相同,则为平局。淘汰赛时,一场比赛中如获胜局数相同,按下列顺序判定胜负:受警告少者为胜方、受劝告少者为胜方。如仍相同,则加赛一局,依次类推。

第二节　武术散打裁判法简介

一、每局比赛2分钟(1分30秒)

是指每局除暂停之外的实际比赛时间。计时员听到台上裁判员喊“开始”的口令就立即开启计时表,台上裁判喊“停”就即刻停表,直至计时表累计达到2分钟(1分 30秒)时,计时员必须准时鸣锣通告本局比赛结束。

二、局间休息1分钟

是指每局之间的间歇时间。上一局比赛一结束,计时员即刻开始记局间休息时间。休息时间至 50秒时通知运动员上场准备比赛,局间休息满1分钟时,台上裁判员必须发出比赛“开始”的口令。

三、达不到报名级别

是指运动员在称量体重时的体重不够或超出所报级别规定的体重范围。例如:75公斤级的运动员,体重必须大于70公斤、小于或等于75公斤,体重不在这个范围,则不准参加比赛。

四、击中得分

是指运动员使用可用方法,击中对方的得分部位后产生了相应的效果。从以下四个方面判定：

1.看进攻。进攻方法清晰、力点准确，明显击中得分部位。

2.看防守。击中时没有相应的防守动作；或击中在先，防守动作在后；或防守失误而没有产生相应的防守效果。

3.看位移。击中后身体部位产生的移动、震动、晃动现象。

4.听声音。击中对方后发出清脆或者沉闷的响声。

五、倒地

是指运动员在比赛过程中除两脚以外的身体其他部位支撑了台面。

1.被击倒，是指遭受对方拳法、腿法的打击而失去重心倒地。

2.被摔倒，是指被对方用摔法致使身体失去平衡倒地。

3.自行倒地，是指由于进攻、防守动作不当等原因造成的倒地。

六、倒地在先

1.一方倒地在先，另一方倒地在后。

2.一方压在先倒地方的身上。

3.双方先后倒地，身体没有完全脱离，先倒地方支撑了台下地面，应判倒地在先。

七、主动倒地

是指使用两脚以外的其他身体部位先支撑台面，致使对方倒地的进攻方法。

主动倒地有以下五种判罚：

1.使用主动倒地的动作将对方击倒，并能顺势站立，得2分。

2.使用主动倒地的动作将对方击倒，双方分离，但不能顺势站立，判对方倒地在先，得1分。

3.使用主动倒地动作没有击中对方，但在3秒内迅速站立，对方不得分。

4.使用主动倒地动作没有击中对方，且在3秒内不能迅速站立，判主动倒地方“3秒”，对方得1分。

5.使用主动倒地的动作将对方击倒，但对方倒地时压在了主动倒地方的身体上，致使其不能顺势站立，判主动倒地方倒地在先，对方得1分。

八、一方下台

是指一方运动员在比赛中，身体的任何部位支撑了台下的保护垫或场地，均判为下台。

九、双方下台

是指双方运动员从比赛“开始”至“停”的口令期间，同时或先后都掉下了擂台。

十、下台无效

1.是指双方或一方运动员在台上裁判员喊“停”之后下台。

2.一方先倒地后二次发力致使对方下台。

3.一方下台时，没有与台上运动员完全脱离。

4.双方倒地，没有分离，后倒地一方支撑了台下。

十一、指定进攻与消极5秒

比赛中运动员互不进攻时间达到5秒时，台上裁判员须指定消极一方运动员或双方消极中的任何一方进攻。台上裁判员指定一方运动员进攻后，按每秒一次的频率用手指在体侧计数5次的方法计时，运动员达5秒仍不进攻时应喊“停”，并给予被指定方“消极5秒”的判罚。

十二、消极搂抱

是指运动员主动搂抱对方不使用摔法，消极等待2秒裁判喊“停”的行为。

当运动员出现消极搂抱行为时，台上裁判喊“停”后，给予该运动员消极提示1次；出现第2次，则判罚“技术犯规”；之后每出现1次，判罚1次。

十三、消极逃跑与主动下台

“消极逃跑”是指一方运动员在比赛中为了躲避对方的进攻，而有意逃跑的行为。一旦出现这种行为，台上裁判员应喊“停”，并给予逃跑一方运动员“技术犯规”的处罚。

“主动下台”是指一方运动员在比赛中因体力不支或被重击等情况，为得到更长时间休息而主动下台放弃本局比赛的行为。一旦出现这种行为，视为弃权，判对方为该场胜方。

十四、读秒

读秒一般可分为两种：一种是因对方犯规而有可能造成伤害，为保障运动员的安全进行的读秒；另一种是运用合理的方法重击对方，使其不能马上继续比赛，为保障其安全进行的强制读秒。

读秒时，台上裁判员须迅速靠近被读秒的运动员，以利于清楚地观察其面部表情，并且所处位置要以不挡住裁判长的视线为宜。读秒后，必须予以判罚。

（一）读秒有三种情况

1.读8秒

台上裁判员在读秒过程中，运动员已举手示意可继续比赛，但仍须读完8秒后再继续进行比赛。

2.读10秒

台上裁判员在读秒过程中，运动员没有示意要求继续比赛，或虽已示意可以继续比赛，但发觉其知觉失常时仍须读到 10秒，终止比赛。

3.终止读秒

台上裁判员在读秒过程中，如果发现运动员出现休克、关节脱臼、骨折等危险状态时，即刻停止读秒，取下运动员的护齿并用手势请医生将其送到后场进行急救处理。

（二）读秒后的判罚有五种情况

1.一方因对方犯规被读秒，但在读至8秒前已表示能继续比赛且知觉也正常，则给犯规方“警告”的判罚。

2.因对方犯规造成读秒，而终止比赛，经医务监督检查确认不能继续比赛，则判犯规方“取消比赛资格”。

3.因对方犯规造成读秒，而终止比赛，经医务监督确认能够继续比赛，则判犯规方“警告”，并为该场胜方。

4.一方使用允许的方法重击对方，使之“强制读秒”，被强制性读至8秒前，如表示能继续比赛，则应给其“强制读8秒”手势和相应的判罚。

5.一方使用允许的方法重击对方，使之“强制读秒”，被强制性读至8秒时，仍没有表示能继续比赛，则必须读完10秒后才能终止比赛，判另一方为该场胜方。

十五、记分

是指边裁判员按照“得分标准”，记录运动员的得分；使用同一个动作产生不同分值的效果，应将各分值累加记分。

十六、用头、肘、膝进攻对方

用以上部位主动发力攻击对方，属于“侵人犯规”。比赛中许多情况下需要贴近对方，常出现低头、抬肘、提膝等防守动作，此时头、肘、膝触及对方的身体而没有明显的发力，不属于犯规。

十七、迫使对方反关节的技法

是指固定对方关节前端并击打关节外侧，或迫使其关节超出正常活动范围的攻击动作。

十八、故意致使对方的伤情加重

是指一方运动员在比赛过程中出现了开放性伤口，经医生临场处理后继续比赛，另一方运动员故意揉搓或磨蹭对方伤口的伤害行为，其目的是使对方因伤不能继续比赛。这是一种违背武德和现代体育精神的行为，比赛中予以禁止，判其侵人犯规。

主要参考文献

[1] 全国体育院校教材委员会.中国武术教程(下册)[M].北京:人民体育出版社,2004.

[2] 曾于久.武术散打训练新论[M].北京:人民体育出版社,2013.

[3] 田麦久.运动训练学[M].北京:人民体育出版社,2000.

[4] 王瑞元,苏全生.运动生理学[M].北京:人民体育出版社,2012.

[5] 中国国家体育总局.中国体育教练员岗位培训教材－武术(散手)[M].北京:人民体育出版社,1999.

[6] 梁亚东.现代散打[M].武汉:湖北科学技术出版社,2002.

[7] 陈青山,梁亚东.搏击术精选[M].北京:人民体育出版社,2000.

[8] 姚家新.竞赛心理咨询与心理训练[M].北京:人民体育出版社,1995.

[9] 黄涛.运动损伤的治疗与康复[M].北京:北京体育大学出版社,2019.

[10]国家体育总局武术运动管理中心,中国武术协会官方网站.武术散打竞赛规则(试行).[EB/OL].(2021-02-03)[2021-04-16].http://www.wushu.com.cn/#/rules Of Competition/rules Of CompetitionDetail?id=917.

[11]国家体育总局武术运动管理中心,中国武术协会官方网站.武术散打竞赛裁判法(试行).[EB/OL].(2021-02-03)[2021-04-16].http://www.wushu.com.cn/#/rules Of Competition/rules Of Competition Detail?id=918.